Generis

PUBLISHING

AF481657

FRUIT DE LA PASSION

L'histoire de ~~ta~~ ma naissance

Par Gabriella Sconfitti

2010-2014

Copyright © 2020 Gabriella Sconfitti

Copyright © 2020 Generis Publishing

Tous droits réservés. Ce livre ou toute partie de celui-ci ne peut être reproduit ou utilisé de quelque manière que ce soit sans l'autorisation écrite de l'éditeur, à l'exception de l'utilisation de brèves citations dans une critique de livre.

CIP a Camerei Naționale a Cărții

Sconfitti, Gabriella
Fruit de la passion : L'histoire de ~~ta~~ ma naissance
Generis Publishing, 2020 (Impression à la demande) – 136 pages
ISBN 978-9975-153-71-3
821.133.1-3
S 38

Image de couverture: www.pixabay.com

Generis Publishing
Commandes en ligne: www.generis-publishing.com
Commandes par courriel: info@generis-publishing.com

SOMMAIRE

PRÉFACE

Mes bien chères infertiles, ce livre est pour vous. Vous qui pénétrez dans l'univers impitoyable de la procréation médicalement assistée, ou PMA, sachez que vous allez en baver. Peu importe la durée, les traitements, les tentatives, vous allez en baver. Personne n'est préparé à ça. Personne ne nous avertit. Personne ne le dit. Moi je vous le dis. Vous allez en baver. Mais c'est un magnifique voyage au centre de vous-mêmes que vous allez entamer, simplement parce qu'on ne ressort pas indemne d'une telle épreuve. Vous ne serez plus la même personne avant qu'après… Dévastées mais au final tellement fortes ! Préparez-vous à accepter l'inacceptable, à faire le deuil d'une grossesse naturelle qui ne viendra peut-être jamais, d'une maternité qui peut revêtir plusieurs formes. Préparez-vous à repousser toujours plus loin vos limites et à ne jamais baisser les bras. Jamais. Debout. Toujours.

Messieurs, ce livre est pour vous. Vous allez en baver. Votre chère amie, compagne, épouse, que vous avez connue si douce, si bienveillante, si heureuse même, ne sera plus. Vous allez en baver. Elle va subir, vous allez supporter, elle va pleurer, vous allez soutenir, elle va aller mal, vous aussi. Vous allez en baver. Vous allez tantôt vous rapprocher, dans la douleur, dans la perte, tantôt vous éloigner, dans les rapports forcés, dans le trop-plein d'hormones, dans la déchéance du temps qui passe. Ou alors, vous êtes peut-être « la cause » vous-mêmes. Dans ce cas, bienvenue au « club des infertiles ».

Mes bien chères amies, membres du club des mamans, ce livre est pour vous. Votre amie, votre sœur, votre cousine est amenée à vivre cette terrible épreuve ? Vous allez en baver. Vous allez continuer votre vie, enfanter, vous réjouir et être tellement mal à l'aise. Vous allez en baver. Vous ne pourrez plus revoir votre amie, votre sœur ou votre cousine, au moins pendant quelque temps, vous n'allez pas comprendre, vous allez blesser, vous sentir blessées. Inévitable.

Vous tous, bravo pour votre lutte, votre combat, car il s'agit bien d'un combat de longue haleine, qui va vous pousser dans vos derniers retranchements et qui vous apprendra que souhaiter devenir parents et le devenir sont deux réalités qui ne se correspondent pas toujours. Mais vous n'êtes pas seuls ! De nouvelles relations naîtront de ce bazar, au gré des rencontres. Certaines mourront et d'autres se confirmeront. Seuls ceux qui vivent un tel parcours vous comprendront réellement. Les autres vous aideront à mener une vie normale, la plus normale possible selon leurs propres limites. C'est tout ce qu'ils peuvent faire. Quelle chance s'ils le font.

Au départ, je destinais cet ouvrage à « bébé ». Pour qu'il connaisse un jour son histoire, celle de sa conception. Au fil des pages, et des années, le contenu a évolué pour se destiner aux personnes prises dans les tourments de la procréation médicalement assistée. Car, en réalité, cette histoire, c'est la mienne mais aussi celle de tant de femmes, d'hommes, de couples, avec des revers différents certes. Cet ouvrage est pour vous. Je souhaite sincèrement que ce témoignage puisse aider à mener la bataille pour celles et ceux qui débutent, et contribuer à éclairer la situation pour celles et ceux qui sont à mille lieues de vivre ce foutu bordel.

Je vous le livre sans le filtre du temps, tel qu'il a été vécu.

Je remercie ma chère sœur Agnès d'avoir accepté le silence, la distance, sans poser de questions, d'avoir toujours répondu présente au moindre appel à l'aide. Je remercie les filles (Cathya, Valentine, Maria), qui ont accepté d'entrer dans mon univers pour comprendre, pour surmonter leurs erreurs aussi parfois, et être présentes, d'une manière ou d'une autre. Je remercie Bertrand pour m'avoir ouvert la voie de la résilience. Je remercie ma très chère Anne qui m'a servi de modèle de courage, de force, d'abnégation. Je remercie Maud, dont l'impulsion créatrice m'a permis de poser des mots sur ces pages. Je remercie l'équipe du Centre de procréation médicalement assistée de Lausanne (CPMA) sans qui mon rêve de bébé ne serait resté qu'un rêve.

Je vous porte tous dans mon cœur.

CHAPITRE 1

UN ÊTRE À PART

NOVEMBRE 2010

Mon cœur,

C'est à toi qu'est destiné cet ouvrage, cette mise à nu de mon âme, cet aveu de faiblesse, ce cri d'amour, ce constat d'impuissance, cette lutte antimisère, cette passion dévorante.

Je t'ai trouvé une idée de déco pour ta future chambre, il y a quelque temps déjà. Je me dis que je pourrai t'ouvrir sur le monde, te créer une fenêtre sur les rêves. N'est-ce pas en baignant dans un univers propice à l'élévation de l'âme que l'on devient quelqu'un d'exceptionnel ? Sûrement. Ce sont les prémisses de ton existence.

Stop stop stop ! Où je vais là ? Je m'emballe ! Ton existence… Tu n'es pas encore là, ou si, tu es là ! Bel et bien là, remplissant mon cœur à en mourir, assaillant mon esprit jusqu'à l'emprisonner, conditionnant mes pensées, déroutant mon quotidien, avilissant mes nuits. Je t'ai déjà imaginé, magnifique, lumineux, unique. Les sourcils de Papa peut-être, la bouche de Maman ? Mais déjà tellement parfait à mes yeux.

2010 : l'époque du tout possible, de la maîtrise sur la vie, de la surabondance matérielle, de l'illusion du pouvoir. On croit décider quand, où et comment, mais finalement on oublie bien trop souvent que nous ne sommes que des grains de sable éparpillés parmi 7 milliards d'individus. Trop de variables, trop d'exigences, trop de consumérisme. Trop de tout et on s'aperçoit qu'on ne décide rien.

La Suisse : le pays du tout possible, de la maîtrise de la vie, de la surabondance matérielle, de l'illusion du pouvoir. On croit décider quand, où et comment, mais finalement on oublie bien trop souvent que ce sont les occasions, les coups de chance, les rencontres qui vont faire de nous ce que nous sommes. Et on ne décide rien.

L'université ? Pour me donner de meilleures chances dans la vie.
L'indépendance ? Pour être maîtresse de mon destin.
L'insurrection ? Pour être sûre de ne jamais laisser quiconque dicter mes pensées.
La contraception ? Pour être l'unique maîtresse de mon corps.

Je dis qui, je dis quand, je dis comment.

C'est ce que j'ai dit en effet… souvent… longtemps… jusqu'à ce jour de juin 2008 où j'ai décidé que tout était prêt pour ta venue, un job, de l'argent, un mariage, un superbe appart et bientôt une chambre de bébé customisée. Papa est d'accord, évidemment. Il suit la voie de la raison, de ma raison, qui dit quand, qui dit où, qui dit comment. J'avais oublié juste un tout petit petit élément dans mon équation de la perfection : la nature ! Ou le destin, ou peu importe comment nommer la chose.

« Ovaires polykystiques ». C'est comme ça qu'on appelle « la cause de l'infertilité féminine » dans le dossier GS. Diagnostic précis où il est dit, observé et confirmé que je ne peux pas, naturellement, te donner la vie. Ne pas pouvoir ? L'idée est inacceptable ! Tu es déjà là, enfin ! Il faut juste te doter d'un petit cœur, de deux petits bras, de deux petites jambes aussi, et le tour est joué, non ? Ça paraît tellement évident !

Faire un bébé, c'est la chose la plus naturelle du monde ! De tout temps, en tous lieux, dans toutes les cultures, il y a un point commun qui rallie toutes les femmes du monde. Peu compte le rang social, le degré d'instruction, la situation économique. Il faut juste un ovule + un spermatozoïde, et le tour est joué. La nature est ainsi faite, là, à notre service, prête à entrer en matière dès qu'on lui donne le top départ.

Si la conception d'un enfant est universelle, son droit est quant à lui bien moins équitable, injuste même. Pourquoi certaines femmes engendrent-elles une pléthore d'enfants en un claquement de doigts (et de reins) et d'autres doivent-elles renoncer à ce rêve ? N'est-ce pourtant pas naturel de faire des enfants ? Pourquoi, pour certaines femmes, cela ne se résume qu'à un rêve ? Un désir ? Une frustration ? La nature seule a plein pouvoir. Elle décide qui, elle décide quand, elle décide où, elle décide comment. Seule. Elle n'en a rien à faire de ma récente nomination. Elle ne regarde pas le foyer d'amour qui t'attend. Elle ne tient pas compte du fait que je t'ai déjà ouvert une fenêtre. Elle ne regarde pas par ici. Elle sourit de voir craquer le père en devenir. Elle jouit de m'atteindre. Elle jubile d'exercer son pouvoir. Mais elle sous-estime mon amour pour toi. Elle n'a pas compris que c'est toi qui l'emporteras. Elle n'a pas vu son adversaire, cet amour incommensurable si puissant qui n'hésite pas à la défier, à la malmener, à la provoquer. Elle ne donne que le fruit, je me charge de la passion. Elle ne peut y arriver sans moi, je ne peux y arriver sans elle.

C'est drôle au final… J'ai vécu toutes ces années dans l'illusion quasi parfaite de la maîtrise de la vie, en payant le prix, très élevé parfois, mais toujours convaincue, toujours habitée par le sentiment d'être dans le juste et de faire ce qui devait être fait, sans me soucier de cette part d'incontrôlable intrinsèque à l'existence même de toute vie.

C'est là où est ta force. Avant même ta venue, tu chamboules tout mon système de pensées. Tu anéantis mes convictions. Tu déstabilises l'ordre naturel de la vie. Tu es déjà exceptionnel. Cette histoire, qui est la tienne, celle de ta conception, intellectuelle d'abord, fait de toi un être à part.

Chapitre 2

Toi, moi et les autres

Tu découvriras bien vite à quel point la nature humaine est vile, égoïste ou tout simplement petite. Ce n'est pas la femme aigrie par la situation, bouleversée par l'injustice qui la ronge ou enragée de son impuissance qui s'exprime. C'est la maman en devenir qui souhaite préserver son enfant de souffrances inutiles qui prend la parole.

Force est de constater que les vicissitudes difficiles que nous sommes amenés à traverser sont souvent révélatrices de la nature des uns et des autres. Si les bonnes surprises sont rares (on découvre au détour d'un regard condescendant une réelle empathie), les mauvaises sont quant à elles en forte majorité.

« Mais ça va aller », « mais t'inquiète pas », « mais tu verras » sont autant de banalités assorties d'un regard faussement attristé, qui proviennent en général des mêmes personnes, que je vais appeler les « tout petits petits », qui ne prennent jamais soin de demander de nos nouvelles, qui ne se privent pas d'ostenter leur maternité, qui n'hésitent pas à plaisanter de la situation et qui – allez, je balance – sont parfois même malignement contentes de notre malheur.

Car oui, c'est bien de cela qu'il s'agit. Un malheur. Le mot est faible. Si tu ne devais rester qu'un bébé fantôme, je ne m'en remettrais jamais. Ma vie tout entière a été pensée pour t'accueillir au mieux. J'ai couru après les succès et la réussite pour que tu sois fier de moi, pour que je puisse te fournir les stimulations nécessaires à ton épanouissement, à ta quête personnelle, pour que tu deviennes une personne heureuse, accomplie, talentueuse, tout simplement parce qu'aimée dans les meilleures conditions. C'est pour toi tout ça.

Je pense qu'il vaut la peine de s'attarder sur les différentes typologies des « tout petits petits », ça t'aidera à les identifier et à déjouer leurs tout petits mauvais tours.

Cas n°1 : « Je préfère ne pas savoir. »
Catégorie des « tout petits petits » qui ne posent jamais LA question, de peur que tu ne les contamines. Il faut comprendre. Un jour, en faisant délicatement passer le message au sein d'une conversation désobligeante, je reçois en retour « Pff, arrête, ça me déprime ». @# !# ?!?*@*##!! Voilà que je déprime les autres maintenant. Et ma déprime à moi dans tout ça ? Et mes séances de larmes quotidiennes ? Et mes déceptions mensuelles qui me triturent l'esprit et me font perdre la raison ? Et la terreur qui m'habite à l'idée de ne jamais pouvoir te sentir en moi, te tenir dans mes bras, te couvrir de baisers ? Et ma souffrance à moi dans tout ça ? Non, ça ne compte pas. C'est moi qui déprime les autres. Toutes mes excuses.

Cas n°2 : « Juste pour info… »

Catégorie de ceux qui vont s'intéresser à toi dans l'unique but d'assouvir leur curiosité, le plus souvent mandatés par les mêmes « tout petits petits » du cas n°1 qui n'osent pas demander mais qui veulent quand même savoir. Ne rien dire alimente le mystère, c'est génial ! Tout à coup, des gens que tu connais à peine viennent à toi, d'une voix toute douce, d'un regard condescendant à en vomir : « Alors, et au bébé, vous y pensez ? » @# !# ?!?*@*##!! « Noooonnn, je suis très carrière, moi, tu sais bien. » Ouf, tranquille pour 6 mois.

Cas n°3 : « Mais t'as quoi en fait ? »

Catégorie des « tout petits petits » aux velléités scientifiques, à fuir comme la peste. Peu concernés par ton malheur réel, ces « tout petits petits » sont justes mus par un désir irrationnel de savoir cartésien. Brrrh.

Cas n°4 : « Mais tu sais qu'il y a des moyens ? »

Catégorie des « tout petits petits » pédants et débilitants. La meilleure des catégories. Heureusement qu'ils sont là, ils en savent toujours plus que toi. Est-ce que je me suis renseignée sur les « moyens » de te concevoir ? Je suis carrément incollable.

Cas n°5 : « Ce dont on ne parle pas. »

Catégorie des « tout petits petits » familiaux. Elle relève du tabou et de la honte transgénérationnelle, en tant que fille de sa mère « pas bonne à faire des enfants », et ajoute un degré de culpabilité non nécessaire. Situation idyllique qui fait ressortir les vieux dossiers, les anciennes rancœurs, et qui sert de remise en question globale de toute la lignée féminine de la famille. Thématique complexe mais au final peu importante dans la lutte qui est la nôtre aujourd'hui.

Au fond, les cas 1 à 5 révèlent juste que personne ne sait vraiment comment se comporter avec « ça ». L'infertilité est une question qui déstabilise, qui fait peur parce qu'elle touche un proche qui leur amène le problème sous le nez, qui interpelle, qui éveille la curiosité, qui interroge. Est-ce qu'ils sont juste désemparés face à « ça » ? Est-ce qu'ils n'ont juste pas assez de bon sens et de sensibilité pour « savoir gérer » ? Au final, le « ça » ne les concerne pas et ils le revendiquent bien.

La « moi d'avant-bébé » a été confrontée à une situation similaire. Alors encore en pleine illusion de maîtrise, j'ai été amenée à côtoyer cette souffrance par le truchement d'une collègue, vite devenue une amie, à laquelle, selon ses dires, j'ai été d'un grand soutien. Donc c'est possible ! J'ai aussi été atteinte de banalité aiguë, j'ai aussi lancé des « T'inquiète pas », des « C'est obligé que ça s'arrange », des « Courage, y a des moyens ». Moi aussi j'ai été touchée, effrayée, apeurée et troublée par cette situation innaturelle. J'ai par contre accepté de laisser entrer cette angoisse dans mon paisible quotidien raisonné, j'ai été d'accord de souffrir aussi. Le soutien réel et sincère, c'est tout. Nulle quête de mérite ou de reconnaissance, non. Juste un constat d'impuissance mais aux antipodes de la petitesse ou, pire, de la malignité. Tu verras Anne, on va y arriver, c'est obligé.

Chapitre 3

Espoir un jour, toujours

Jusqu'au bout, toujours garder espoir.

Dans les situations difficiles, à un moment donné, nous sommes contraints, pour avancer, pour souffler, pour tenir, de faire le deuil des rêves inassouvis, des malheurs, des pertes, des regrets, des décès. Mais comment avancer, souffler, tenir, quand on ne peut faire le deuil ?

« Il faut garder espoir », on me dit « Rien n'est encore perdu », on me rassure. On m'oblige à y croire alors que mon corps dit le contraire. Ce serait tellement plus facile de savoir que l'on doit renoncer. Dur, terrible, mais tellement plus facile.

Deuil => acceptation => continuation. Le schéma psychologique classique, non ? Dans mon cas, espoir => souffrance => non-acceptation => souffrance. Tout ça à cause de cet infime « espoir » auquel il faut se raccrocher. « C'est obligé, ça va marcher. » Mais non, on ne le sait pas ! Qui me dit que je ne suis pas en train de m'acharner depuis tout ce temps, que je vais encore continuer jusqu'à épuiser toutes les ressources possibles et envisageables, jusqu'à en perdre la raison ? Aucun médecin, aucun prêtre, aucun magnétiseur ne peut garantir que tu seras là pour de bon, un jour. Personne.

Mais ma passion pour toi me dit d'y croire pourtant.

J'y crois.

CHAPITRE 4

CULPABILITÉ

Mercredi 22 décembre 2010, 23h48.

Je me rends compte que je n'ai pas pensé à toi de toute la journée, j'en suis toute retournée ! L'événement est tellement rare qu'il mérite d'être relevé. Aux prises avec les vicissitudes du quotidien, j'en ai oublié le plus important. J'ai honte d'avouer que cette pause m'a fait un bien fou.

Mais là j'y retourne, promis, je te remets en priorité. Je me sens tellement coupable… mais je ne t'oublie pas, hein !

Mercredi 22 décembre 2010, 23h48.
Il n'y en aura pas d'autres.

CHAPITRE 5

NOËL

Troisième Noël sans toi. On ne s'y fait pas. On ne peut pas.

Cette période si particulière de la fin d'année rime pour beaucoup avec réjouissances, bonheur, retrouvailles en famille. Pour beaucoup. Pour d'autres, cette période rime avec bilan, espoirs perdus, mélancolie, tristesse ou profonde amertume au regard de l'année écoulée. Pour moi.

Noël n'est-elle pas la célébration de la famille ? Entre tensions latentes et élaborations culinaires fastidieuses, l'idée même de mettre la famille à l'honneur a depuis longtemps laissé le pas à l'appréhension.

Noël n'était-elle pas la fête des enfants ? Tout est dit.

Aucune branche à laquelle se raccrocher. Le sapin tout entier n'y peut plus rien. Je hais Noël.

Noël prochain, tu seras là. Promis. J'avais promis les trois dernières fois, je sais… mais là c'est différent. N'est-ce pas ?

CHAPITRE 6

DERNIÈRE CHANCE

Comment ai-je pu espérer me donner une dernière chance « naturelle » ?

Avant de repartir pour un autre tour de force, j'ai donné à mon corps quelques mois de répit. Si l'acharnement est notre seule chance d'y arriver, tu verras, jamais je ne renoncerai, mais parfois même les rocs ont besoin que la nature les préserve. La nature, de nouveau. Pourtant je lui laisse toutes les portes ouvertes, je lui donne des clés, je lui envoie des signes. Mais non. Le temps ne m'a même pas été donné d'espérer à quelque magique chamboulement. Avant le terme. Histoire de me rappeler à l'ordre. C'est elle qui décide et décidément elle ne veut pas coopérer. Défaut d'orgueil ou illusion de l'espoir, elle ne me laisse aucune chance, la sanction rouge tombe.

Tu ne seras pas au menu des ragots de fin d'année.

CHAPITRE 7

TU SERAS LÀ OU ON NE SERA RIEN

Qui a dit « pour le meilleur et pour le pire » ? Ah oui, ce type en soutane qui ne sait pas de quoi la vie en couple est faite, qui ignore tout de l'amour filial inassouvi, qui n'imagine pas ce que « le pire » peut revêtir. Celui qui ne sait pas en fait.

Qui a dit que le couple risque d'imploser dans pareilles circonstances ? Aucune idée, mais ce type-là, il a tout compris. Culpabilité grandissante et grand huit psychologique font rarement bon ménage.

– Dis, t'es sûr que tu m'en veux pas ?

– Non.

– Même pas au fond de toi, dans ton inconscient, touuuuuuuuuuut au fond ?

– Non.

– L'autre, elle, elle aurait su. Elle aurait pu…

– ………….

– Tu vois que tu m'en veux.

Les nerfs sont mis à rude épreuve, les corps sont des objets de reproduction défectueux, le couple est bouleversé. Mais pour toi, on supporte tout. La perspective des beaux jours ensemble nous fait sécher nos larmes et reprendre nos esprits. Tu seras là ou on ne sera rien.

– ………...

– ………...

Un être patient (lui), un être persévérant (elle). On va y arriver. N'est-ce pas ?

On dépassera l'épreuve des rapports forcés. Oups, pardon ! « Rapports sexuellement dirigés », forcés quoi.

On affrontera les inséminations, les fécondations, les incantations, les supplications. Tout.

Je tenterai l'acuponcture, j'irai voir un magnétiseur, un psychothérapeute, je toucherai le fond. Mais je me relèverai.

La lutte est sans merci. On va gagner mon bébé chéri, Maman t'attend.

CHAPITRE 8

CHASSE AUX ŒUFS

Et de 7 ! Parce qu'il n'y a pas d'œuf d'origine biologique disponible là-dedans, on manipule, on déclenche, on observe, on mesure, on compte et finalement… pack promo de 7 œufs. Pas assez, ça ne va pas, trop ça ne va pas non plus. Cette fois, la chasse aux œufs s'arrête net.

Youhou ! Et on repart pour un tour de piste : on annule, on efface, on recommence, on se remotive, on oublie les nausées, on garde le cap, on déclenche, on stimule, on observe, on mesure, on recompte, un kyste s'invite à la fête. La chasse aux œufs s'arrête net, encore.

Youhouhou ! Et on repart, forfait tours illimités ! On annule, on restimule, on attend, on compte, on attend, on les a, on ne les a plus, on manipule, on déclenche, une hémorragie, on attend, on compte, on déclenche, on observe… on se meurt.

La vie file entre mes doigts, la vie que je ne peux donner, ce ventre vide qui ne coopère pas, cette maison meublée, magnifique, apaisante, si vide… vide.

CHAPITRE 9

BOUGIES

Bien triste anniversaire, pas de gâteau, pas de fête, juste le rappel en pleine figure, si besoin était, du temps qui passe, sans toi, sans joie, sans vie. Près de 1000 jours à fantasmer, à rêver, à pleurer, à penser, penser et encore penser jusqu'à en perdre la raison, jusqu'à vouloir que ça s'arrête… Juste retirer la prise, vider son esprit, être bien, retrouver un goût, un sens, une valeur au quotidien. Impossible.

Combien de tests de grossesse, de montées d'adrénaline, de minutes d'attente, de désillusions, de litres de larmes, de kilos, d'hormones, de boutons, de noirceur et de pure détresse, authentique mais ô combien douloureuse. Combien alors ? Trop, trop, trop ! Bien sûr, certaines femmes en sont à 4, 5, 6 bougies, bien sûr ! Et alors ? Le malheur d'autres femmes peut-il alléger le mien ? Un « jeune » malheur de 3 ans est-il moins douloureux qu'un vieux malheur ?? Un malheur est un malheur. Point. Et personne ne devrait avoir à le connaître.

CHAPITRE 10

BOÎTE À OUTILS

Le tout est de trouver les outils pour traverser cette épreuve de vie de la manière la plus zen, il paraît. Pardon, juste « traverser cette épreuve ». En parler ? Écrire ? Crier ? Pleurer ? Hurler ? Les Maldives ?

Tout est bon mais rien ne dure. Une chose est sûre par contre, si personne ne peut soulager cette douleur indicible qui brûle de l'intérieur et empêche de respirer parfois même, la partager permet de mieux la supporter. De mieux gérer. Entre déceptions et mauvaises surprises, il arrive parfois qu'une petite lueur s'allume. Une sœur qui compatit sincèrement, une amie sans enfant qui s'inquiète avec pudeur, une psy chez qui pleurer sans se cacher, sans honte, sans gêne. Un espace de parole et de libération, là est la clé. Il faut que ça sorte ! Ces pensées obsédantes qui ne nous lâchent pas perdent peu à peu de leur emprise. On oublie le blabla de convention – « il faut regarder le verre à moitié plein, tu sais ». Mais quel verre ? Quelle moitié pleine ? Conneries – il y a juste un vide. Oui, peut-être qu'un jour tu seras là et tu te chargeras de me rappeler que dorénavant il n'y aura même plus un seul instant de libre, oui. Pour l'heure, jour après jour, il n'y a pas de verre à moitié plein.

CHAPITRE 11

SURVIE

Là où je me dis que je n'en peux plus, vraiment plus, eh bien j'y arrive encore, toujours un peu plus, puis un chouia plus et encore un peu. Mes ressources sont-elles illimitées ? À quel moment j'attendrai le trop-plein ? Là où après plus rien n'est possible ? La fécondation in vitro (FIV) ? Les tentatives infructueuses de FIV ? Combien ? Où est la limite ? L'acceptation ? La résilience ? L'argent ? L'adoption ?

Affronter un chemin de vie aussi tortueux donne peut-être l'occasion de s'explorer, de puiser au plus profond de soi – question de survie – et là, c'est une évidence. Jamais je ne renoncerai. Jamais.

Tu viendras à moi, un jour, coûte que coûte. Ta place est ici, avec nous. J'ai tant d'amour à te donner que tu ne sauras plus qu'en faire.

Maintenant, s'il te plaît, viens. S'il te plaît.

CHAPITRE 12

AVEC TOI SANS TOI

Il paraît que parfois les couples ne s'en sortent pas. Gérer les tensions, supporter les pleurs, accumuler les incompréhensions, parfois c'est trop. Ça se comprend. Enfin… maintenant je le comprends. Quand on n'est que deux, pas trois, juste deux, cela ne suffit plus, cela n'existe plus. Tu es déjà là, entre nous, tu nous tiens unis comme tu nous déchires.

– Écoute, si t'es pas content, t'as qu'à t'en trouver une autre !

– Ouais, ben dis-le pas trop fort !

– Ben, vas-y ! Mais essaye d'en trouver une fertile cette fois !

Bon… pas très glorieux mais révélateur quand même : une souffrance latente, une culpabilité certaine et une rancœur à peine voilée. Certes, il souffre aussi, de ce désir de toi qui n'est pas assouvi, de me voir tantôt en larmes, tantôt en pleine révolte. Certes. Mais je crois que c'est tout. Bien sûr, il ne peut pas avoir les œufs à ma place, certes, il ne subit pas les traitements, les visites médicales, les tests, les analyses, les résultats, les règles, les échographies vaginales, certes. Ça, c'est ma partie. La sienne se résume à soutenir, la sienne n'a pas chamboulé sa vie, la mienne si. La sienne n'est pas facile, OK, la mienne est un traumatisme. Ma peine est incommensurable, mais qui la comprend ? Ça me dépasse moi-même, comment demander aux autres de comprendre ?

– J'en peux plus, je me sens tellement triste à l'intérieur, si tu savais…
– Mais non, t'es pas triste.
– …
– Bon, allez. On fait quoi pour souper ?

Il n'y croit même plus, lui aussi en est réduit à balancer des banalités. Dur. Énième crise qui s'annonce.

Au final, il est quand même toujours là, fidèle au poste, parfois à geindre mais le plus souvent à supporter, malgré tout. On finit toujours par se rappeler qu'on n'est peut-être pas trois, pas tout à fait, mais à deux, c'est déjà ça.

CHAPITRE 13

MISE AU BAN

Alors que toutes les filles de ma promo enfantent aussi facilement qu'elles planifient leurs vacances, l'arrivée de la deuxième lignée est annoncée bien sûr tout naturellement.

– Ah, au fait, tu sais, Elena, elle attend le deuxième.

Ah… la même qui a accouché il n'y a pas un an ?!?! Ah.

Trois jours au fond d'un gouffre plus tard, on réémerge. Pas plus forte qu'avant, non, juste un peu plus blessée et touchée au vif, dans la chair, le corps défaillant, le mental affaibli, le mari se défilant.

Malheureusement, on ne peut pas leur demander de s'abstenir d'enfanter, tu vois, juste par solidarité, quoi. Ça passerait mal… Donc il faut bien passer au travers. Survivre.

Désolée les filles, je ne peux plus. On se reverra un jour, si je pourrai faire partie du club – étonnamment sélect – des mères. Bonne route à vous. Mon chemin à moi est encore long.

Mise au ban volontaire ou subie : seule solution efficace, terrible, mais drastiquement libératoire.

Donc :

Étape 1 : s'échapper, s'éloigner, se protéger.

⇨ OK, ça c'est fait.

Étape 2 : accepter.

⇨ J'y travaille.

Étape 3 : en baver.

⇨ On peut sauter cette étape ?

Étape 4 : établir une playlist spéciale « Détresse - personne ne me comprend ».

Adele en perfusion, Alicia Keys à petite dose et Black Eyed Peas pour retrouver la motivation de se lever le matin.

⇨ OK, je devrais tenir encore quelque temps.

Étape 5 : en baver, encore.

⇨ On ne peut pas la sauter non plus, hein ?

Étape 6 : c'est bon, tu es là ! Étape rêvée.

⇨ On ne s'emballe pas. On respire… calme… calme… calme…

CHAPITRE 14

RÉTAMÉ ! ZIGOUILLÉ ! LIQUIDÉ !

Le kyste qui nous barrait le chemin depuis six mois et nous empêchait toute tentative ? ZI-GOU-ILLÉ !!!

Que le goût de la victoire est bon ! Mais qu'est-ce que c'est ce sentiment, pourtant connu me semble-t-il ? Qu'est-ce que… ?

La joie. Ça faisait si longtemps ! J'en avais oublié la volupté et le pouvoir d'élévation de ce sentiment si pur. Que ça fait du bien…

Un si grand sentiment pour une si petite bataille… Bataille pourtant essentielle pour mener à bien notre combat.

Mon bébé, notre rencontre s'approche, je le sens.

CHAPITRE 15

TENTATIVE N°1

Ça y est. L'insémination n°1 agendée : lundi 26 septembre 2011 à 11h. Plus que 3 jours à attendre et après encore 14 jours, et là nous serons fixés. Le compte à rebours commence...

Peut-être dans deux semaines, je découvrirai que tu es là, que tes petites cellules seront là. Ou peut-être pas : 10% de chances pour nous, ce n'est pas beaucoup mais au moins on l'a, notre chance ! Mon bébé, mon cœur, je vais venir te chercher, ne t'inquiète pas. Ce ne sera peut-être pas cette fois-ci, mais je vais venir, je vais venir !

Je ne compte pas les patchs d'hormones, les injections, les pilules, les comprimés, les cocktails de médicaments quotidiens, les larmes. Je passe outre les maux de ventre, les migraines, les nausées, la panique, les larmes. Garder le cap coûte que coûte.

C'est comme être dans le couloir de la mort, sauf que là il s'agit du couloir de la vie, dont l'issue est incertaine. Deux jours à attendre, à se médicamenter, à penser, à ne pas dormir… Je suis terrifiée… terrifiée… Comment survivre si l'échec est au rendez-vous ? Comment continuer à vivre ne serait-ce qu'un seul jour sans toi ? Je ne peux m'empêcher d'y penser. Je ne peux me réjouir de lundi : 10%, c'est tout petit.

Toute cette tension est insupportable… Ma tête va exploser.

CHAPITRE 16

COMPTE À REBOURS

J-14

Mon cœur, là c'est à toi de jouer. Maman a tout mis en œuvre pour te faciliter le chemin. Les ovules sont là. La muqueuse s'est épaissie à 9 millimètres. Ton papa a tout donné (pas moins de 18 millions !), il en est assez fier d'ailleurs… Il est drôle des fois ton papa, tu devrais le voir !

– 18 millions ?!? Ah ouais quand même !
– Oui, OK, mais tu sais qu'à partir de 2 millions, ça change rien ?
– Oui oui, mais eh, 18 millions !

Je lui laisse ce moment de gloire, de virilité retrouvée, de petite joie. Il le mérite aussi. Je deviens calée là, je me rends compte ! Je ne voulais pas être calée, je ne voulais pas connaître tous les secrets de la PMA, je te voulais juste toi. Juste toi.

Bon, allez, premier espoir concret entre nos mains. Je suis tellement pleine d'amour, pleine de bonheur à l'idée de te prendre – peut-être dans neuf mois ? – contre mon cœur qui ne bat que pour toi. Ta place est parmi nous. Allez, mon bébé, accroche-toi à cette membrane (eh, 9 millimètres !).

J-13

Un jour déjà écoulé.

Rien qu'un jour ??

Je ne vais jamais tenir.

J-12

……

J-11

Attention ! Tiraillement dans le bas du ventre !

Bon signe ? Mauvais signe ? Signe de rien ?

????

J-10

……

J-9

C'est long, c'est long… pfffffffff !

J-8

Re-pffffffffffff !

J-7

Eh, tu es là ?

Tu m'entends peut-être déjà quand je te parle tous les jours ?

À ce stade : « Les cellules continuent à se diviser afin de constituer les tissus et les organes. L'œuf est déjà en train de devenir un embryon ! Au milieu de cette deuxième semaine, il est réellement implanté dans la paroi utérine, tout comme le futur placenta qui permet déjà d'apporter du sang et de l'oxygène à ce que l'on appelle "le disque embryonnaire". C'est aussi à la fin de cette semaine que les tests de grossesse pourront détecter l'hormone HCG, et donc vous indiquer votre grossesse. »[1]

On trouve tout sur la Toile, c'est génial.

Je peux savoir exactement où tu en es !

Mais… es-tu là ?

J-6

Valentine est enceinte.

Un moment d'inattention, il paraît.

Un test négatif.

Elle m'en parle.

Une prise de sang.

L'attente.

Trois jours.

Un test positif.

Elle n'en voulait pas, il est là.

Elle m'en parle.

Il ne fallait pas.

C'est mon moment.

---

[1] www.enceinte.com

Mon attente.

Mes tests.

Putain.

J-5

Mes seins me tirent. Ça me fait mal.

Mon ventre tiraille encore ?

C'est bon signe, hein ?

Ne pas se faire de film, ne pas se faire de film, ne pas se faire de…

On sera tellement heureux ensemble…

NE PAS SE FAIRE DE FILM, J'AI DIT !

Chut ! Il faut t'accrocher mon bébé, d'acc ?

J-4

Steve Jobs, cofondateur d'Apple, est mort. Tu entendras parler de lui un jour.

Un visionnaire, culotté, talentueux, intuitif, n'est plus.

Un modèle. Lui qui a souffert du cancer, lui qui a été abandonné à la naissance, lui qui a révolutionné le mode de vie de la planète entière.

« Votre temps est limité. Ne le gâchez pas à vivre une existence qui n'est pas la vôtre. »

« Soyez insatiables. Soyez fous. »

Le mot d'ordre : ne jamais renoncer.

OK, le message est passé.

Tu entends ?

On va y arriver mon cœur.

J-3

Je n'ai pas pu attendre.

Test négatif.

Oui, mais peut-être que c'est trop tôt, hein ?

Peut-être que moi aussi comme Valentine je devrais faire une prise de sang ?

Tout n'est pas joué, n'est-ce pas ?

L'espoir se réduit comme une peau de chagrin.

Je tremble. Je pleure. Je ne peux plus respirer.

J'aurais dû attendre.

J'étais tellement sûre pourtant. Mes seins me font tellement mal, ce n'est pas un signe, ça ?

C'est quoi ce test ?? Il faut que je sorte en acheter un autre.

Je suis dévastée.

Je n'arrive plus à respirer…

Ce n'est pas possible…

Non.

Non.

Non.

J-2

Du vide.

Encore du vide.

Toujours ce ventre vide.

Ce cœur vide.

Si vide.

J-1

Plus besoin d'attendre.

Jour J

La prise de sang a confirmé.

Mais ces symptômes alors ? Je n'ai pas rêvé ! Mes seins me tirent encore, bon Dieu ! J'étais pourtant persuadée de te sentir en moi, tu étais là ! Tu étais là.

Mon Dieu, j'ai l'impression de t'avoir perdu. Je ne vais pas pouvoir m'en remettre. Tu étais là, je l'aurais juré, tu étais là.

Je n'arrive plus à respirer. J'ai mal à la poitrine. Je n'arrive plus à… Je n'y arrive plus.

CHAPITRE 17

N°2

Il faut enchaîner, début de cycle oblige. À peine le temps de sécher mes larmes et hop, on s'y remet ! Et un billet pour deux pour le grand huit émotionnel !

Cette fois, le protocole change un peu. On espère que la réponse au traitement sera bonne. Pas trop d'œufs, juste un, mais comme il faut. Heureusement, cette fois, on en tient un. Angoisse éliminée grâce à une belle muqueuse de 12 millimètres. Youhou !

L'insémination n°2, c'est pour demain. On s'organise avec le travail pour justifier une énième absence en essayant de se faire discrets.

Allez Papa, à toi de jouer. Je sais, la cabine du laboratoire c'est un peu glauque, mais il faut dépasser le ressenti et se concentrer sur les nénettes à poil. Ou peut-être penses-tu à moi ? Je préfère ne pas le savoir, je crois. Gère comme tu veux, mais donne-nous les meilleurs petits gars !

C'est bien ton nom sur la fiole. C'est bien tout rose comme la première fois. OK, on peut y aller. Je respire bien fort et…

J-14

J-13

J-12

J-11

J-10

J-9

J-8

J-7

J-6

J-5

J-4

J-3

J-2

J-1

J

Je n'y arrive pas… J'ai peur… Je ne suis pas prête à savoir. Cette fois, pas de test anticipé. Je n'ai pas envie de savoir, juste envie d'espérer encore un peu, de t'imaginer tout mini mini dans mon ventre…

Je vais attendre. C'est ça, je vais attendre et laisser que la nature se manifeste.

Elle s'est manifestée.

CHAPITRE 18

N°3

Pas le temps de pleurer, de digérer le deuil. Il faut déjà recommencer.

Annonce de règles OK. On recommence le troisième jour.

Médicament contre le cancer du sein. C'est bon.

Bonne réponse au traitement. OK.

Piqûre avant ovulation. C'est fait.

OK, c'est pour demain. Allez Papa, à toi maintenant et oui, tu peux faire ton truc à la maison…

On respire… Et go.

J-14

J-13

J-12

J-11

J-10

J-9

J-8

J-7

J-6

J-5

J-4

J-3

J-2

J-1

J

Je ne ressens rien… Je ne me fais pas d'illusions… Mais le test n'a pas encore parlé, il y a donc toujours un espoir… Non ?

Le test a parlé. Cette fois sans surprise.

CHAPITRE 19

MÉNAGE DE PRINTEMPS

Il est grand temps de réorganiser les choses si on veut que la situation se dégoupille, car à l'évidence, en l'état, rien ne va. Donc : grand ménage existentiel !

Si me consacrer corps et âme à mon travail me permet de focaliser mon attention sur autre chose, de ne pas devenir folle et surtout de trouver un semblant de sens à mon existence, le prix à payer en est un épuisement général qui, on le sait, n'est pas bon pour tomber enceinte… Ah, toujours cette obsession !

Il faut que je joue cette dernière carte. OK, j'ai été récemment nommée cheffe de projets, très bien. Je vais renoncer à mes projets, couper mes ailes en plein vol, renoncer à un début de carrière prometteur. C'est tout réfléchi. Je fais ce sacrifice pour être mieux, pour moi, pour toi.

Désormais me voici en charge de l'administration, presque exclusivement. Je m'éteins… mais je retrouve une vie saine, où dormir reprend son sens, où prendre le temps pour soi devient une vraie philosophie de vie.

Être à l'écoute de soi. C'est nouveau ça. Ça fait du bien, je crois…
Oui, carrément du bien.

C'est en te cherchant toi, mon bébé, que je suis en train de me trouver
moi-même. Mais à quel prix ? Finalement, tout ça, tout ce bazar… c'est
peut-être pour me permettre de renaître de mes travers, de mon passé, de
mon histoire. De moi.

CHAPITRE 20

NAMASTE

Avoir envie et agir. C'est nouveau, ça aussi.

Je pensais m'initier au yoga depuis le début des années 2000, je crois bien. Mais je n'ai jamais fait le grand pas. Eh oui, aucune de mes amies ne voulait m'accompagner.

C'est le moment. Maintenant. Seule. Il faut que je trouve le moyen d'arrêter de penser, de me réapproprier mon corps, d'être en paix avec moi-même, ici et maintenant.

« Yoga nidra », une révélation. Ou comment découvrir que la vie a un sens parce qu'en tant qu'être humain vivant, j'ai toute ma place, ici et maintenant. Je n'ai longtemps vécu que pour toi, je commence enfin à vivre un peu pour moi aussi. La vie sait m'offrir des moments de plaisir, presque de bonheur, sans que tu sois là. J'ai nié mon existence entière, juste pour te permettre à toi d'exister pleinement. Ton absence, les échecs, la souffrance m'ont mise en paix avec moi-même. Je suis à ma place. Bien dans mes baskets, plus si vide que ça. Vide de toi, toujours, mais pleine d'autres choses… de moi.

Serait-ce ça, le fameux lâcher-prise qui ferait tomber enceintes même les cas désespérés, juste une fois la résilience intégrée ?

CHAPITRE 21

N° 4, SUITE… ET FIN

J-14

J-13

J-12

J-11

J-10

J-9

J-8

J-7

J-6

J-5

J-4

J-3

J-2

J-1

C'est pour demain. Cette attente m'a paru interminable. Et c'est pour demain. Je ne suis pas prête. Je veux juste savoir. Non, en fait non, je veux attendre encore un peu. Ou non, demain je fais le test. Non, plutôt après-demain, comme ça, il n'y aura pas d'erreur. OK, je fais le test dans deux jours. C'est décidé… Ou bien demain ?

Eh non… Juste rappel à l'ordre. Ce n'est pas moi qui décide.

Je suis dans la salle de bain, je vois l'horreur. Je hurle. Je n'étais pas prête ! Je hurle. Je pleure. Je n'arrive plus à respirer. Il faut ouvrir les fenêtres. Je pleure, je n'arrive plus à respirer, je panique, j'ai mal à la poitrine, tellement mal.

Ça fait si mal.

Nuit blanche, yeux bouffis, le réveil sonne. Il faut aller travailler. La vie reprend vite le dessus. Ce n'est rien, j'ai l'habitude. C'est la fois de trop. La dernière tentative avant la fécondation in vitro. Mais je ne veux pas de FIV, je ne veux pas d'anesthésie, de surstimulation, de ponction, je ne veux pas vider mon compte en banque, je ne veux pas revivre ces échecs, je ne veux plus, je n'y arrive plus… Ça fait trop mal.

CHAPITRE 22

OPTIONS

– À ce stade, trois options s'offrent à vous.

– Ah…

– Oui, alors… La première chose serait de faire une laparoscopie. C'est une intervention qui nous permet de nous assurer qu'il n'y a pas d'adhérences, d'endométriose. On pourrait même vous faire quelques trous dans les ovaires pour tenter de faire repartir l'ovulation naturelle.

Quoi ? Mais non !? Mais comment ? On m'avait déjà fait toutes ces investigations et on n'a rien décelé ! Mais pourquoi on me parle de cette laparotruc maintenant ???!? J'étais sûre d'une chose, c'est qu'on avait identifié le problème, et là il pourrait y avoir autre chose ?!?! Ce docteur n'a pas le droit de refaire planer un doute.

– Ah oui, ce serait prudent, en effet… Quelles sont les autres options ?

– Eh bien on pourrait continuer avec les inséminations. Mais vous connaissez le protocole, donc je ne vais pas vous redire comment ça se passe.

Oh oui, je connais bien, en effet. Mais je ne suis pas sûre que ça marche pour moi…

– Mmmmh…

– Et la troisième…

– Ah oui, j'écoute…

– C'est la FIV… vous connaissez ?

– Euh… oui, je crois, mais je sais pas trop…

– Alors là, vous avez 60% de chances, sachant qu'on considère qu'une FIV va comprendre un transfert d'embryon(s) frais, et deux congelés, donc au final on a environ 20% par transfert.

– Ah, c'est pas beaucoup… ou bien ?

– Et ça coûte 10'000 francs, il faut le savoir, c'est quand même un investissement. Les inséminations coûtent autour des 1500 francs, donc il faut aussi penser à la question financière.

– Ah oui, c'est sûr… mais…

– Et en plus on n'a pas beaucoup de recul, les premiers enfants nés de FIV n'ont qu'une quarantaine d'années aujourd'hui, on ne connaît pas grand-chose sur l'évolution à long terme.

– Ah oui, c'est vrai…

– Mais bon, je fais des FIV tous les jours, donc il faut croire. Et mes confrères en Angleterre ne font que ça. Les inséminations, ils n'en font plus du tout, car ça épuise ces dames. Donc… Mais il est vrai aussi que là-bas, elles sont prises en charge, donc…

– …

– Donc, que voulez-vous faire ?

– Ben… euh… je sais pas… je pensais déjà pas en arriver là… donc… j'ai juste peur je crois… euh… aucune solution ne me garantit de tomber enceinte et les trois se justifient… mais vous, votre avis ?

– C'est à vous de voir… C'est compliqué pour vous, mais vous avez de bonnes chances, dans l'absolu, de tomber enceinte. Vous avez un bel utérus, vous êtes jeune, vous faites partie de ces femmes qui en général repartent avec un bébé de notre centre.

– Ah oui, c'est bien, ça… mais du coup, qu'est-ce qu'on fait pour moi ?

– C'est à vous de décider. Il y a trois pistes. Vous avez d'autres questions ?

– Euh… non… je… je… je vais en parler à mon mari et je vous rappelle, ça va comme ça ?

– Dans ce cas, vous demanderez un rendez-vous aux assistantes pour que je vous explique le protocole exact de la FIV, si c'est votre choix, ou pour fixer la laparoscopie. Si vous voulez continuer les inséminations, il vous suffit de rappeler à vos prochaines règles, et la suite, vous connaissez.

Non mais je ne peux pas repartir comme ça, avec cette bombe entre les mains, là comme ça, je fais quoi ?

– Ah oui, OK, merci pour tout !

– Bonne journée, Madame.

– Oui, oui, bonne journée à vous, et merci encore !

« Merci » ?!? Mais non, pas merci !! Pas merci du tout !!! Je repars pleine de doutes et tellement apeurée ! On avait dit « FIV, dès qu'on nous la propose», hein ? Non mais là, elle est à portée de main, à un coup de fil près, mais je ne veux pas, je ne veux pas me piquer pendant trois semaines, risquer une surstimulation, me faire anesthésier, ponctionner, transférer, liquider nos épargnes. Je… je… je veux juste un bébé, mon petit bébé, je te veux toi, dans mon ventre, tout simplement. Je veux qu'on me laisse tranquille, qu'on laisse mon corps tranquille.

CHAPITRE 23

UN, DEUX OU TROIS ?

– Qu'est-ce qu'on fait ?

– Mais je sais pas moi ! Je crois qu'il n'y a pas de bonne ou de mauvaise décision, il y a juste une décision à prendre…

Ton papa ne m'aide pas vraiment, je dois l'avouer.

Bon, alors, si on résume :

1 - La laparotruc. On va m'endormir, m'injecter de l'oxygène, je ne vais plus pouvoir respirer, on va aller regarder là-bas dedans, piquer, perforer… Non, on ne va plus rien me faire du tout. Non.

2 - Les inséminations. Déjà quatre et que des échecs… Ça n'a pas l'air de marcher et à chaque échec, ton papa dépérit toujours plus et moi… moi… je n'en peux plus…

3 - La FIV. OK, protocole lourd mais plus de chances, plus de risques aussi, mais plus de chances.

– Bon, ça fait déjà 10 jours… Qu'est-ce qu'on fait ? Chaque jour on prend une autre décision, il faut trancher !

– Bon, OK… Alors à trois on dit « un », « deux » ou « trois », d'acc ?

– Un… Deux… Trois…

– TROIS !

– TROIS !

Voilà, c'est décidé. Oui, c'est bien comme ça. On a décidé. Je vais appeler.

Mais avant, il faut que j'en sache plus. Il faut que je comprenne. Il faut être sûr, bien sûr.

J'en sais trop, je n'aurais pas dû lire autant, voir toutes ces vidéos… Je ne peux pas, la FIV, je ne suis pas prête. Je ne veux pas subir tout ça. Mais on a décidé. Oui, mais…

CHAPITRE 24

PALMARÈS

Internet ne me suffit pas. Il faut que je sache. Le rendez-vous, c'est dans quelques jours, il faut être sûr, bon sang !

Merci ma très chère Anne. Ton coup de fil m'a définitivement éclairée. Ta bonne nouvelle surtout ! Tu es arrivée, tu y es enfin arrivée… Après 10 ans… Quel exemple de résilience magnifique, quel message d'espoir incroyable ! Tu es tellement forte, tu l'as appris à tes dépens, mais quelle force ! Je suis tellement fière de toi ! Ton palmarès est impressionnant : 5 inséminations, 1 laparotruc, 3 FIV, 10 transferts, 1 grossesse extra-utérine, 1 trompe en moins, la perte de ta chère Lucie et de ce jumeau qui n'a pas survécu… Tu mérites plus que quiconque cet immense bonheur que tu vis enfin. J'en suis émue jusqu'aux larmes, ce bonheur inespéré est là, dans ton ventre, à portée de main. Quelle beauté absolue !

Je te remercie pour tes explications, le protocole, les injections… J'y vois plus clair, c'est évident pour moi. Je ne suis pas prête pour la FIV, pour entamer tout ce parcours-là, pas maintenant.

Mon bébé, on va y arriver, mais pas comme ça, pas maintenant. Tout sacrifier pour 20% de chances… Je ne suis pas prête. Tout ce qu'il faut subir, ça me fait terriblement peur ! J'ai bien lu qu'on pouvait y laisser une trompe et en effet, ça arrive ! Donc ça peut m'arriver. Je ne veux pas qu'on prenne mes trompes ! Je ne suis pas prête.

Et renoncer à vivre, à partir en vacances, à s'octroyer des plaisirs, au moment où on en a le plus besoin… J'accède à peine à cette conscience de soi, au respect de mon être, à l'harmonie de l'esprit et du corps, je ne peux pas tout lâcher maintenant. Mon bébé, je ne t'abandonne pas mais il faut aussi que je pense à moi, ici et maintenant. C'est juste ainsi.

C'est clair.

Ce sera les inséminations, autant qu'il en faudra, jusqu'à ce que ça marche, même si le compteur temporel indique déjà 4 ans… Mais pas tout de suite. Il faut accepter de se donner le temps. Oui, c'est ça, le temps… Accepter enfin l'idée que tu ne pourras nous rejoindre que comme ça. Et pourquoi pas s'adjoindre les bénéfices d'un traitement naturo-énergétique ? S'ouvrir à d'autres traitements ? La méthode douce. Le fameux lâcher-prise ne commencerait-il pas par là ? La FIV attendra. Accepter.

Merci ma chère Maud pour les tuyaux, l'écoute et la compassion.

Ce bazar m'aura menée à vous deux, quelle chance inouïe ! Il y a donc du bon dans tout ça alors ?... Quelle plénitude d'être dans le juste, ici et maintenant.

Merci Papa... Tu fais toujours passer mon bien-être avant tout le reste. Ma décision, c'est notre décision. Ton soutien indéfectible me donne la force de continuer.

CHAPITRE 25

LÂCHER-PRISE

Bang ! Au moment où je m'étais résignée au rôle, certes plus tranquille mais ô combien peu palpitant, de l'assistante rêvée, voilà qu'une promotion me tend la main ! Et à moi de décider, en plus ! Mes « hautes compétences » et mes « grandes qualités humaines » ont su parler pour moi ! Pourquoi pile maintenant ? Je viens déjà de prendre une grande décision et là, qu'est-ce que je fais ? La roue serait-elle en train de tourner ?

Je laisse tout en l'état et tranquillou tranquillou j'avance dans le tortueux chemin de la procréation médicalement assistée en attendant que…?

Ou je fonce, je me fais plaisir, et j'avance quand même dans ce tortueux chemin. Les mots de Maud résonnent en moi comme la voix du bon sens (ou celle que je veux absolument entendre…) : « Je n'ai jamais autant travaillé qu'avant de commencer les inséminations. Je n'ai tellement plus pensé au fait de tomber enceinte, ou plutôt à celui de ne pas tomber enceinte, qu'enfin… je suis tombée enceinte. » Le fameux lâcher-prise !

Je rêvais de me réaliser pour mes 30 ans, d'accéder à un poste important, d'avoir une certaine reconnaissance. Le jour de mes 30 ans, j'étais loin de ça, me disant que finalement je n'avais réalisé aucun de mes rêves, ni au bureau, ni dans mon corps. Mais finalement, avoir 30 ans, ça dure un an !

– Je signe où ?

CHAPITRE 26

STOP

– On a rendez-vous demain, t'as pas oublié ?

– Non, non, t'inquiète… Donc, tu as appelé pour lancer la procédure de FIV mais on va finalement annoncer qu'on fait les inséminations, juste ?

– Oui, oui. Ce sera l'occasion pour toi de venir au centre, de rencontrer le médecin, de poser des questions. À la fin, on lui dira qu'on repart pour les inséminations, d'acc ?

Et… au fait, j'ai demandé à changer de médecin…

– ?!???

– Euh… je préfère la docteure S. Déjà, j'ai un meilleur feeling et c'est pas rien tout ça, faut pas négliger ce point.

– Comme tu veux.

Extra, comme d'hab.

– Oui, alors j'ai demandé à être prise en charge par vous, j'espère ne pas créer d'incident diplomatique…

– Pas de problème, mais je pense comme le docteur W. Le mieux, c'est la laparoscopie. Je vous explique…

Quoi ? Ça revient sur le tapis cette laparo ?!?! Ça monte là, ouuuuhhh ça monte.

– J'entends toutes vos explications… mais… excusez-moi… mais… enfin… Pourquoi m'en parler maintenant ? On se rend compte qu'un diagnostic a été posé il y a près de trois ans… Pour moi la période de diagnostic est dépassée depuis longtemps… Vous êtes en train de me dire que tout ce qu'on a fait ces dernières années n'a peut-être servi à rien ? Il y a peut-être autre chose ? Comment je peux vivre avec ce doute ? C'est le protocole… Oui, je sais… C'est surtout mon corps derrière ces schémas, mon temps qui s'écoule, mes larmes que je ne peux retenir… Ça n'a aucune valeur alors ? JE n'ai aucune valeur ?
– C'est recommandé, mais je doute que dans votre cas on décèle un problème, c'est juste pour être sûr…

C'en est trop, je ne peux plus… J'éclate en pleurs… Eh oui, un être humain, on se rappelle ?

– Vous savez quoi ? Au fond, ce que je veux… c'est de ne plus rien faire du tout. Voilà, c'est ça. On arrête. On ne va plus rien me faire endurer. STOP.

Ne me fais pas ces yeux… s'il te plaît… on reprendra quand ce sera le moment.

Chapitre 27
Break

Plus de piqûres, plus de rendez-vous, plus d'échographies, plus d'obsessions… Juste penser à vivre, et même, à bien vivre. Mon cœur, tout ne peut pas tourner autour de toi, ou plutôt de ton absence. Au final, j'en ai presque oublié ma trentaine et ses bons côtés. Un resto ? Un ciné ? La danse ou le yoga ? Reprendre mes lectures ? Tout ce que je n'ai pas fait avant, en t'attendant, c'est là. Ici et maintenant. Ce n'est pas si mal au fond… de… de profiter de la vie, tout simplement.

Car la vie continue, même sans toi, et ça, c'est nouveau. Non seulement elle continue mais elle nous offre même des moments de plaisir, de bonheur, de rire. Ah, le rire… j'en avais presque oublié quel bien fou il procure.

Accepter ton absence. Pour le moment. Accepter et continuer. M'écouter. C'est tout ce qui compte.

Exister.

CHAPITRE 28

ARC-EN-CIEL

Oh Bertrand, mais qu'est-ce que tu me racontes ? Je suis toute secouée… Ton fils… c'est… son père c'est… un donneur ?!? Alors tu n'es pas… ou plutôt si, si, c'est toi, c'est bien toi, plus que de raison !

Les oreillons à 18 ans et le rêve de devenir père s'évanouit à jamais. Mais tu es père, un père formidable qui va transmettre bien plus que ses gènes à un fils qui te ressemble à s'y méprendre ! Ton désir d'être père s'est donc bel et bien concrétisé, avec la femme de ta vie. Une femme qui doit t'aimer comme une dingue… Elle a voulu un bébé. Son bébé avec toi. Elle l'a eu. La parentalité semblait suivre un schéma si simple, et pourtant…

Un homme, une femme, un mariage et beaucoup d'enfants. C'est écrit ainsi dans les livres, non ? Ces livres qui ont bercé notre enfance et qui jamais n'ont ne serait-ce qu'évoqué qu'avant de devenir père on peut avoir à faire le deuil de la paternité.

Je suis tellement triste que tu aies à vivre cette épreuve… et tellement… heureuse ! Tu as un fils ! Magnifique et surtout à toi, plus que jamais.

Un récit incroyable, un autre exemple de ténacité et d'amour incommensurable, de deuil et de vie… Merci.

Le chemin du deuil de la maternité toute naturelle prend du temps mais ça y est, j'y suis. J'accepte que tu ne sois pas le fruit d'une rencontre entre ton papa et moi. Tu es bien plus ! Le fruit de la passion, d'une mère pour son bébé qui ne s'inclinera jamais ! Car peu importe ta conception ou tes gènes, un jour tu viendras au monde et tu nous rappelleras combien la vie est un joyau. Cher Bertrand, ton histoire me conforte dans l'idée qu'il y a une vie après cette épreuve. Une vie… de famille. Au fond, le sens donné à la famille nous appartient et elle n'en est pas moins légitime pour autant.

Je ne suis donc pas toute seule. Je le savais bien, en observant ces femmes au Centre de procréation médicalement assistée, toutes les yeux rivés vers le sol. Toutes à vivre leur calvaire dans leur coin, sans se mêler, sans parler, sans crier leur désarroi. Je ne savais pas, par contre, qu'il y avait là un homme, sous mes yeux, en mal (passé ?) de bébé à soi. Le silence est brisé et nos regards ne seront plus jamais les mêmes. Un clin d'œil en guise de soutien, là juste devant moi. Rien ne sera plus jamais pareil. Merci.

CHAPITRE 29

QUE DU NEUF, QUE DU NEUF

Non, je ne parle pas du renouvellement de la garde-robe, si nécessaire à ma quiétude du moment, mais bien des incroyables rencontres que l'épreuve de ta non-conception amène sur mon tout nouveau chemin de vie.

Une nouvelle moi face à de nouvelles connaissances, dont je ne pouvais jusqu'ici évaluer la valeur. Nouvelles rencontres ou nouvelles impulsions aux anciennes relations, le choix est vaste ! De toutes, c'est bien moi qui décide qu'en faire. Décider, reprendre sa vie en main, choisir. Je revis ! Ou peut-être commencerais-je à véritablement vivre en ce moment, avec cette conscience qui ne me quittera plus ?

Mon cœur, tu m'auras conduite à moi… Tu réalises ?

Chapitre 30

Normalité

Quoi ? Qu'est-ce que je… ? Mais… je ne comprends plus rien…

– J'ai eu un cycle ! Normal, régulier, spontané… Tu entends ? Tu sais ce que ça veut dire ????
– ?!?!?
– Y a eu ovulation, bon sang ! Qui dit ovulation, dit chance d'avoir un bébé ! Sans médecins là au milieu !

Incroyable. Inimaginable. Les mots me manquent. Alors… je peux ? Finalement, je peux aussi ?

Est-ce que les séances d'acuponcture commenceraient à faire effet ? C'est vrai que je me suis aussi fait manipuler… disons, à l'intérieur… par une ostéopathe reconnue pour « tout remettre en place », naturellement. C'est ça alors ? Ou peut-être la quiétude au travail, les bienfaits du yoga ?

Il me faut un test d'ovulation. Je compte les jours. Oui, je stresse de nouveau, je sais, mais l'ovulation ce n'est que 24 heures, il ne faut pas se louper !

– Ce soir, c'est soirée bébé, t'oublies pas, hein ?!?

Horrible.

Cycles 2, 3, 4. Ils sont là, précis au rendez-vous. Incroyable… Est-ce que le fin mot de l'histoire est ici ? Cinq ans de traitements pour aboutir à une grossesse spontanée ? La vie est pleine de surprises. Je veux y croire.

CHAPITRE 31

JUSQU'AU BOUT

– Ça te dirait un petit tour à vélo autour du lac de Gruyère ? Il y aura plein de monde, à vélo, à pied, en trottinette, c'est le slowUp, tu sais ? Évidemment, je n'ai aucune idée de ce dont ton papa me parle.

– Euh, oui oui, ça peut être sympa et pour une fois tu partiras pas tout seul faire du vélo pendant trois heures… Ça nous ferait une activité ensemble, c'est super !

Bon, alors ce qui se présentait comme une petite virée sans prétention destinée à prendre de jolies photos et à manger une crêpe s'est transformé en une espèce de Tour de France, version gruérienne.

Il était où ce foutu lac ? Je n'ai vu que des montées, moi ! Quelques petits mecs qui donnaient des barres de céréales le long du parcours aussi (c'était sympa ça, c'est vrai). Ton papa loin devant qui de temps en temps – inquiet que je puisse me perdre je pense – rebroussait chemin. Et moi à ga-lé-rer tout du long. Tout du long… pendant deux heures et demie… Une seule pensée obsédante : aller au bout, sans s'arrêter, aller au bout. Un peu d'orgueil, bon sang !

Je l'ai fait ! J'y suis arrivée. Le parcours est bouclé. Retour sur le parking. En larmes. Complètement submergée par le sentiment d'être allée au bout de moi-même, au fin fond de moi-même. Je ne savais pas, moi, que j'étais capable d'un tel exploit ! Je ne me suis pas arrêtée mon bébé, j'ai foncé, tête baissée – si je peux faire ça, je vais quand même réussir à faire un bébé ! J'ai réussi. Je l'ai fait. Mon Everest. Je l'ai fait. Un moment à marquer d'une pierre blanche. L'impression qu'un monde se présente désormais à moi. Je l'ai fait, personne ne me l'enlèvera. Un slowUp au fin fond de moi-même, ce n'était pas au programme de cette édition, ça !

Ton papa n'en revient pas. Ce regard plein d'admiration… Je crois bien que c'est la première fois. J'ai vu de la fierté quand j'ai terminé mes études, du soulagement quand j'ai trouvé mon super job, de la tristesse à l'annonce du diagnostic, mais de l'admiration, non, je crois bien que c'est la première fois. La première fois aussi que je m'aventure sur son terrain, le sport. J'arbore fièrement une année de zumba mais de là à me qualifier de « sportive »… oulaaaaa, on se calme. Mais est-ce que je n'en serais pas capable au fond ? J'ai toujours admiré les coureurs du dimanche matin qu'on croise quand on va chez les parents pour le repas interminable en famille. « Ils sont pas bien chez eux ces gens, ou quoi ? Je ne comprends pas pourquoi ils se mettent dans des états pas possibles. »

J'aimerais bien être comme eux. Je vais devenir comme eux.

CHAPITRE 32

ET AU-DELÀ

C'était bien ce moment avec ton papa. En presque 10 ans, je crois bien que c'est la première fois qu'on partage une activité, véritablement. Bien sûr, il y a eu le petit tour à vélo au bord de la mer l'été dernier, c'était chou ça, c'est vrai. Il faut dire que ça ne demandait pas beaucoup d'effort… Mais enfin, c'était un début. Je crois qu'il a bien envie qu'on continue ensemble – il doit s'ennuyer tout seul à vélo aussi – donc c'est parti. Course à pied.

– Tu y vas tranquille, hein ? Si tu fais 30 minutes, je serai déjà très fier de toi. Moi je fais une heure, t'auras qu'à m'attendre.
– Attends, là. Tu fais une heure, je fais une heure. Point.
– T'as jamais couru, tu peux pas y arriver, c'est un gros effort pour toi.

Je suis déjà partie, qu'il cause toujours, ton papa. Il me sous-estime, ce n'est pas possible ! J'ai fait le slowUp quand même ! Je vais lui montrer de quoi je suis capable.
Je vais ME montrer de quoi je suis capable.

Je l'ai fait. Je l'ai fait ! Je finis en larmes, je n'en pouvais plus, un tour et encore un tour et un tour de plus… On a dit une heure, ce sera une heure, il n'y a pas à négocier. J'ai mal partout, le souffle me manque, je m'effondre. J'ai tout donné. Je l'ai fait ! Moi, je cours ?!? Le dimanche matin ! Moi qui me destinais à passer mes dimanches à cuisiner les plats traditionnels, comme ma mère, comme ma sœur, comme toutes les femmes de la famille et de la Péninsule à mon sens. Non, je veux un autre destin. Je veux une autre vie. Je veux une vie, pour moi, pour nous.

Ton papa, je l'ai scotché ! Il ne cesse de me complimenter et d'exprimer son admiration. C'est bon ça, c'est bon… Je suis fière aussi. Je peux faire autre chose que des bébés alors, et quand même susciter l'admiration ? Oui, ma petite dame. OUI.

CHAPITRE 33

Un, deux, un, deux, un, deux

Courir, aller au bout de soi-même, c'est bien. Courir et dégommer le chrono, c'est mieux ! Allez hop, je suis assez entraînée maintenant pour pouvoir me confronter à d'autres sur des courses officielles. Bon, OK, on parle des courses du Pays de Vaud, mais c'est déjà ça.

Je ne me suis pas si mal débrouillée ! Milieu de classement, pas mal, collègues dépassées – les mêmes qui courent depuis des années, connues et reconnues pour leurs mérites de coureuses. La classe ! C'est pleines d'admiration qu'elles m'accueillent le lundi au bureau. Démentiel…

Je me sens bien.

Je me découvre.

Je m'accomplis.

Je m'épanouis.

C'est possible alors, même sans toi mon bébé. Jamais je n'y aurais cru. Ma vie était impensable sans toi. Ma vie est belle maintenant, sans toi. Elle ne pourra l'être que plus, avec toi. C'est un bon début.

Inscription au semi-marathon. Ça, c'est fait.

CHAPITRE 34

FESTIVAL

– Je rentre dans un 36 !! J'ai perdu 10 kilos ! Regaaaaaaaaarde !

– T'as jamais été aussi en forme, je dois l'admettre. T'es fit là ! Bravo !

C'est vrai ça. Jamais je ne me suis sentie si bien en moi, dans ma peau, dans mes baskets… dans un 36 s'il vous plaît ! J'aime ma vie, là, ici et maintenant. Je m'épanouis de jour en jour. Il paraît même que je suis moins « excessive », selon le cousin de ton papa – tu verras, il t'aimera aussi beaucoup. « Rayonnante », « amincie », « magnifique », c'est ce qui ressort. Pas mal, hein mon bébé ? Tu vois quelle maman t'attend ? Une toute nouvelle maman… Quand tu seras là, je continuerai à courir, à danser, à faire du yoga, d'acc ? Moi qui pensais mettre ma vie à ta pleine et entière disposition, tu ne m'en voudras pas d'en garder un peu pour moi ? La maman sacrificielle que je me voyais devenir est devenue une maman épanouie, qui aura besoin de ses espaces, de sa course, de sa vie. Je ne t'en aimerai que plus mon petit bébé, mon cœur.

– Pourquoi tu portes toujours du noir ?

– Parce que mon âme est noire.

Bang, balancé comme ça à petite nièce de 5 ans. C'était il n'y a pas si longtemps encore. Dans ma vie d'avant. Maintenant je porte la vie sur moi, à défaut de la porter en moi. Du jaune, du rouge, du vert, du corail, de l'indigo ! C'est un festival de couleurs, de vie ! Un nouveau style, des cheveux tie and dye (je suis presque blonde !), une nouvelle silhouette.

Je me sens bien.

En moi. À ma place. Exister. Même sans bébé. Surtout sans bébé.

CHAPITRE 35

65 JOURS

Cycle 5 : tout fout le camp. Tu n'as pas le droit… J'ai pu accepter les échecs dès le début mais que ça revienne et que ça reparte, non… Trop c'est trop. Non…

Je suis à 65 jours et toujours rien. Je ne peux décidément pas gagner. Je me bats contre plus fort que moi. Ça suffit.

Il faut lancer la FIV. Je suis prête. Aguerrie. Enragée.

CHAPITRE 36

UNE BARRE

– Y a une barre hein, y a une barre ??!?!?!

– Mmm, quoi ??!?

– Mais enfin regaaaaaaarde ! Y a une barre !

Oui, il y a bien une barre. Le test de grossesse est positif. « Une barre, le résultat est positif. Pas de barre, le résultat est négatif. » C'est écrit noir sur blanc. Sauf que non en fait. Un coup sur la tête, fait pour m'assommer mais pas pour m'achever. Pas encore du moins.

Un petit test avant de lancer la FIV, après 70 jours sans règles, cela semblait une bonne idée. On y a cru, enfin, surtout ton papa. Moi, je ne te sentais pas, alors j'ai préféré attendre les résultats de la prise de sang.

– Il paraît que des femmes ne sentent rien mais sont quand même enceintes.

Ton papa veut tellement y croire, ça me fait mal pour lui.

La prise de sang est formelle. La seconde, indiscutable. Tu n'es pas dans mon ventre. On ne va donc pas échapper à la FIV. « Grossesse biochimique », c'est le verdict. Je ne veux plus y penser. On passe à la suite. Ton papa est effondré, pour la première fois je crois, il y a cru. Il y a vraiment cru. J'ai mal pour lui. On n'avait pas besoin de ça, non.

Il en faut plus pour me terrasser. Je suis une guerrière. La « new Gaby » est en marche et rien ne l'arrêtera.

CHAPITRE 37

PROTOCOLE ANTAGONISTE

Je dois prendre la pilule – il ne faudrait pas courir le risque d'une grossesse spontanée (ah, elle est bonne celle-là !) – durant 21 jours. Ensuite il faut annoncer les règles. Au premier jour, ça démarre.

Première étape : stimulation ovarienne. Une piqûre le soir pendant 5 jours, un ultrason (il y a 18 petits œufs – trop fort !), on continue, une piqûre en plus le matin, pendant encore 5 jours. C'est la deuxième étape : antagoniste.

Encore une étape avant la ponction : le déclenchement de l'ovulation. À 21h précises mardi. La dernière piqûre. La date de la ponction folliculaire est tombée. Ce sera jeudi. Il faut s'organiser, lui, moi. C'est bon, on est calé.

J'ai mal au ventre, quelques nausées, un mal de crâne effroyable. Une guerrière, j'ai dit. Dignement, je mélange les produits, grande aiguille, secouer, petite aiguille, piquer dans le ventre, une fois à gauche, une fois à droite. Une vraie pro. Sans se plaindre.

C'est quand même bizarre de te concevoir comme ça, sans érotisme… mais avec le même amour, beaucoup, beaucoup d'amour pour TOI. Tu seras bientôt avec nous, c'est sûr. Parmi les 18 follicules (18 !), tu es là, c'est sûr. Certain.

Mes œufs ont grossi, mon ventre me tiraille atrocement. Chaque pas est comme un coup de poignard, à gauche, à droite. C'est juste quelques jours. Pas grave. Go.

Les 10'000 francs sont versés. On ne peut plus faire marche arrière.

Chapitre 38

OPU - 25 octobre 2012

La nuit a été longue, impossible de fermer l'œil, angoissée à l'idée de manquer le réveil. Je ne peux plus attendre qu'il sonne. Il faut y aller là, il faut y aller. Je suis prête : épilée, manucurée, pédicurée, maquillée (ce qu'il faut quoi). Je suis prête pour toi.

C'est la quatrième étape : OPU, comprenez « ovocyte pick-up », j'adore ce terme. Récolte d'ovocytes, en somme. Sous anesthésie générale, l'OPU consiste à aspirer le contenu de mes follicules, à le déposer dans des aiguilles, à le faire monter d'un étage et à remettre tous mes espoirs dans les mains d'un biologiste. Une affaire qui roule.

8h : on se présente à la réception avec ton papa. On n'est plus sûr de l'heure à laquelle il devra venir me récupérer. Le temps qu'on nous informe, on m'appelle. Je n'ai pas le temps de lui dire au revoir, que ça va aller, qu'on va faire de beaux bébés. L'angoisse commence à monter. J'envoie vite un SMS, il me répond avec des smileys. Je suis un peu rassurée.

Une dame masquée m'appelle donc. Sans se présenter, elle me demande juste si c'est la première fois. Je dis « Oui, oui », pensant qu'il n'y en aura pas d'autres, enfin ! Je la trouve jolie, bien maquillée. Je suis rassurée, je ne savais pas si je pouvais me maquiller pour l'anesthésie (ben oui, le vernis à ongles est interdit, mais rien de noté sur les consentements quant au maquillage). Garder une certaine dignité, c'est important. Elle m'amène rapidement dans une petite pièce, encadrée par trois portes et une paroi avec des casiers. L'air commence à me manquer. Je suis déjà un peu perdue. Il faut que je me concentre. Ah OK, une porte c'est les WC, une porte c'est la salle d'opération, l'autre ? C'est la sortie. Ben oui, bien sûr. Un court instant, j'ai envie de prendre cette dernière porte et d'oublier tout ça. Je n'ai pas le temps d'aller au bout de ma réflexion, il faut que j'enfile la chemise bleue. Je ne distingue pas l'avant du derrière, il y a une sorte de ceinture collée en travers, je l'accroche dans le dos mais tout est tordu, mes fesses sont un peu dehors. Je stresse. Je me sens seule. Où elle est passée la jolie dame bien maquillée ? Je vais prendre sur moi, tant pis pour ma dignité. La charlotte par contre, non, pas tout de suite. Trop c'est trop. J'enfile par contre des petits chaussons. Je me dis alors que tout est assorti. C'est déjà ça. Je remarque que sur les 6 casiers, 3 sont fermés à clé. Il y a donc d'autres filles à l'intérieur. Je ne sais pas pourquoi, je pensais que je serais seule ce matin, seule avec l'équipe médicale pour s'occuper de moi. Ça avait du sens. Bref, j'ouvre la porte de la salle d'opération, je vois quelques lits avec une sorte de Pampers ouvert sur chacun d'eux. Pourquoi, je me dis ? Je vais perdre du sang ? Qu'est-ce qui va couler de moi pour qu'on anticipe la chose avec un Pampers XXL ? Je m'annonce. Mona, l'infirmière, toute mimi, m'installe. Une couverture chaude posée délicatement sur moi me fait beaucoup de bien. Elle essaye de dédramatiser en me disant que tout va bien se passer, je verrai, que je vais commencer un rêve et que je n'aurai même pas le temps de le terminer que je serai déjà réveillée. Tu parles. Je pleure déjà. C'est beaucoup tout ça, je ne veux pas qu'on me pique, qu'on m'anesthésie, qu'on fasse mes bébés dans un laboratoire, c'est dur. À ce moment je me dis que d'autres sont en train de faire l'amour pour concevoir leur bébé et moi je suis là, à côté d'une fille, en face d'une autre. Elles ne pleurent pas elles, non, elles ne doivent pas en être à leur première fois, c'est la seule explication. Je m'étais juré de ne pas pleurer, j'étais si zen… Je me suis tant documentée pourtant… ce qu'on ressent, nulle part on le décrit. Ce moment est à moi, je le vis intensément. Tant pis pour le mascara qui coule. Je ne veux pas vivre ça toute seule. Je vais avoir mal ? Un peu peut-être, beaucoup en fait. Mona est attendrie, je crois, de me voir si émue, l'usine tourne à plein régime ce matin, 6 ou 7 OPU (ponctions folliculaires), je comprends alors qu'elle ne doit pas en voir beaucoup dans cet état, curieusement. Ça m'interpelle. Est-ce qu'on prend l'habitude de se faire vider les ovaires ? J'en ai bien l'impression. Est-ce qu'on sera amenées à se revoir, Mona et moi ? Hors de question.

9h : le médecin et l'anesthésiste passent me voir, ils me posent les questions d'usage, oui je suis bien à jeun, oui je suis en bonne santé, oui c'est la première fois.

– Vous êtes prête, Madame ?

– Oui oui.

Non non en fait. Je suis submergée par l'émotion, j'arrive en salle d'opération en larmes, la jolie dame maquillée a un regard attendri pour moi. Il faut que je me calme. On pose un masque sur mon visage, je n'arrive plus à respirer, je manque d'air, il faut me l'enlever ! En même temps, on installe les béquilles sur lesquelles on posera mes jambes, à gauche, à droite. Je ne verrai rien, je ne sentirai rien. Je ne maîtrise plus rien. Je n'ai jamais rien maîtrisé au fond.

– Trois profondes respirations, Madame.

– Oui, oui.

Un, deux, pas le temps pour trois, je sens qu'un produit pénètre dans ma tête, je lutte pour rester réveillée, je ne veux pas manquer ce qu'ils vont me faire. Trop tard.

10h : je me réveille dans le même box qu'au départ, les larmes coulent toutes seules.

– J'ai très mal au ventre.

Les mots sortent tout doucement mais ils sortent. Ouf. On me donne un autre médicament, droit dans la veine. Ça va aller, ça va aller. C'est fait. Tout ça. C'est fait. La tête me tourne, le ventre me tire. Du sang est tombé dans mon ventre, c'est normal alors d'avoir mal. Je ne l'ai su que plus tard. Au même moment, l'autre fille à ma droite s'est aussi réveillée.

– Je n'ai pas mal du tout, ça va super, je peux avoir un thé ?

Mona lui sert un thé, quelques biscottes. Elle en redemande ! La fille se paye carrément un petit-déj ! Pourquoi je suis la seule à pleurer, à avoir mal ? Je me dis qu'il vaut mieux ne rien dire. Je reste seule, j'émerge gentiment. En face, les médecins. Ils parlent iPhone, vacances, bateau. La vie reprend vite ses droits. On s'occupe de moi mais je me sens vide, mes petits œufs sont dans une boîte à l'heure qu'il est. Ton papa a dû aussi faire sa part. Je me demande alors quel film il aura choisi. Une fille à gros seins ? Deux filles à petits seins ? Ce sera finalement une fille aux seins moyens, et un mec. Simple. Efficace. C'est la cinquième étape : recueil et préparation du sperme. Sexy.

11h : je finis mon thé et ma biscotte et je retrouve enfin ton papa. Ça a été dur de vivre ce moment toute seule, l'attente, l'angoisse, la peur, le trop-plein.

– T'as pas bonne mine.

Il est drôle, lui. Je lui raconte un peu, il est rassuré, tout s'est bien passé pour lui aussi. Le biologiste nous appelle. Bingo ! Quinze ovocytes ont pu être récoltés. Mes petits bébés…

– Ils vont être fécondés, je vous appelle demain matin pour vous dire combien ont commencé à se développer.

Je m'effondre. Une autre étape de franchie, elle n'était pas gagnée celle-là. Je n'ai même plus honte de pleurer devant tout le monde ce matin. Et pis merde.

On rentre à la maison, je réalise qu'au même moment « ils sont en train de faire mes bébés ». C'est la sixième étape : la fécondation. Autrement dit, vous êtes tout seuls, dans un incubateur à 37 °, je me dis qu'au moins vous n'avez pas trop froid. Je me sens mal de vous laisser tout seuls…

– On est sûr qu'on ne va pas confondre mes petits bébés avec ceux de la gloutonne à ma droite, hein ?

– Oui, t'inquiète pas…

Dans deux jours, deux d'entre vous serez de retour à la maison, dans mon ventre, et là il faudra se battre, s'accrocher aux parois de mon utérus, d'acc ? Vous aussi, vous êtes des guerriers. Je n'arrête pas de penser à vous, au fait qu'on est en train de vous aspirer, de vous observer, de vous juger (« seuls les tout meilleurs seront sélectionnés ! »). « Les spermatozoïdes et ovules réunis sont gardés dans un incubateur à 37° pendant 16 à 19 heures. Si la fécondation a réussi, l'ovocyte contient deux noyaux, l'un d'origine maternelle [c'est moi ça], l'autre d'origine paternelle [ton papa]. C'est le stade de pronuclei ou 2PN [c'est vous, mes petits bébés !] – ovocytes imprégnés ou encore zygotes. C'est à ce stade seul que la loi suisse sur la procréation médicalement assistée permet de cryoconserver les zygotes surnuméraires au maximum pendant 5 ans. Un, deux ou trois zygotes évolueront au stade embryonnaire et seront transférés dans mon corps 24 ou 48 heures plus tard. » Lesquels d'entre vous vont être congelés ? Congelés, j'en ai froid dans le dos, c'est le cas de le dire : -196° dans de l'azote liquide, pendant 5 ans. Pour certains d'entre vous, ce sera votre drôle de destin. Seuls deux d'entre vous, selon la loterie médicale, aurez le droit de continuer sur votre petit chemin de vie… fusion des gamètes, division des premières cellules, deux, puis quatre, etc. Mes petits cœurs, ça me fait mal de vous en priver, ça me fait mal que tout ça se passe hors de moi. Je vous aime tellement fort ! Battez-vous mes petits guerriers, battez-vous !

Mes bébés, rendez-vous samedi, 11h30. Il paraît que j'aurai même le droit de vous voir en photo, mes deux petits élus ! Cette seule pensée me bouleverse. Vous existez bel et bien alors ?

Je pense fort à vous, mes petits cœurs, seuls, dans votre incubateur… Est-ce que vous avez déjà une âme ? À quel moment sinon ? Au premier battement cardiaque ? À votre naissance ? À partir du moment où vous existez – nous sommes maintenant à +20 heures, les pronuclei devraient être là – vous êtes dotés d'une âme, non ? J'en suis toute retournée… Je me sens mal à l'idée de vous savoir amoncelés dans une boîte de Petri, seuls… On n'avait pas le choix. Je sais. Est-ce que vous porterez en vous ce premier « isolement » ? Qu'est-ce qu'il en sera de mes petits mis au congélateur ? Cette pensée me glace, littéralement. J'attends le verdict : combien de mes 15 petits auront réussi à « se zygoter » ? Pourquoi on ne m'appelle pas ? Le résultat est-il si mauvais que ça ? Qu'en est-il de vous mes petits bébés ?

Chapitre 39

Transfert

Septième étape, l'avant-dernière : transfert d'embryons. « À ce stade du traitement, bien que vous receviez de la progestérone pour aider la nidation, seule la nature entre en jeu. » Ils ne maîtrisent pas plus l'histoire que moi au fond. Ce n'est peut-être pas si mal d'ailleurs.

La biologiste nous appelle le lendemain de la ponction : des 15 ovocytes récoltés, 9 ont pu être fécondés mais seuls 8 ont continué leur développement. La moitié est passée à la trappe. Le transfert de deux embryons est confirmé pour le lendemain. La mise en congélation des 6 autres aussi. La tension descend d'un cran… C'est bon, on va y arriver. Demain vous serez dans mon ventre. C'est une émotion indescriptible. Pour la première fois, « ça a pris ».

Plus que quelques heures et on y sera. Ma tête va exploser, mon cœur avec. Je bouillonne. Je vous attends. Je vous aime tellement, tellement !

Notre docteure nous reçoit chez les biologistes et enfin on vous présente à nous. Vous êtes là, dans votre boîte de Petri… Tout minuscules. Mais vous êtes là ! On nous offre un cadeau incroyable, voilà que d'un coup d'un seul vous vous retrouvez en grand sur l'écran en face de nous. Je ne retiens plus mes larmes ! Mes jambes tremblent devant une telle image. Deux embryons, de quatre et cinq cellules, parfaitement reconnaissables. Tout ronds, tout beaux, tout gros ! Une expérience unique, une image exceptionnelle que peu de parents ont la chance, oui la chance, de voir. Vous rencontrer à ce stade (vous n'êtes que des cellules !) c'est le début de tout. Pour moi, vous êtes les plus beaux embryons qui existent, c'est sûr.

– Ils vont super bien, ils sont beaux et se développent très bien.

Ah ! Je le savais ! Vous êtes les meilleurs ! Allez mes bébés, allez ! Maintenant on s'accroche et c'est à vous de jouer ! Allez ! Allez ! Votre papa est à côté de moi pendant qu'on vous fait passer dans un fin cathéter jusqu'au fond de mon ventre. Ça y est, c'est fait. Vous êtes là.

On nous offre un autre cadeau quelques heures plus tard, vos photos arrivent dans ma boîte e-mail. Votre première photo. La première de votre album, la première que votre maman montrera à votre mariage ! Oui je m'emballe, oui… C'est si bon !

CHAPITRE 40

TIC TAC TIC TAC

Huitième et dernière étape : l'attente et le test de grossesse. Quatorze jours d'angoisse en somme. « Comme d'habitude, vous vous présenterez au CPMA entre 7h30 et 10h et téléphonerez entre 15h et 16h pour les résultats. »

Tous les scénarios passent dans ma tête. Forcément, vous êtes dans mon ventre en cet instant et dans quelques jours la bonne nouvelle va tomber. Forcément. C'est sûr, vous allez survivre tous les deux, pas juste un d'entre vous, mais tous les deux, ensemble. C'est certain.

De toute façon, je vous ai perdus tous les deux. Je veux aller acheter deux roses blanches pour les déposer dans une église (ah, non, l'Église ne vous reconnaît pas), mieux, dans une forêt, je vais vous rendre à la nature. Sans aucun doute, c'est le scénario le plus probable. À mi-parcours, au bout d'une semaine d'une attente traumatisante, j'en suis certaine. Je fais mon deuil. Je dois faire mon deuil.

Deux jours et deux nuits à pleurer plus tard, je reprends mes esprits. Allez mes bébés, allez ! Je hurle ces mots dans ma tête – et à haute voix dès que je suis seule, en voiture, à la maison, dans la salle de bain. Allez mes bébés, allez ! Vous devez être forts et vous accrocher. Avec votre papa, on a tellement de choses à vous montrer, à vous faire découvrir, à vous transmettre. Tellement d'amour, un si grand, si grand amour à vous donner.

Allez mes bébés ! Allez !!

Neuvième étape : transfert d'embryons congelés. On va attendre un peu avant de parler de celle-là, d'acc ?

Chapitre 41

L'heure H

Le jour J est arrivé, non sans peine. Une tension indescriptible très mal gérée, des insomnies, des kilos, des migraines, une angoisse.

7h30 : arrivée la première au centre. Prise de sang, c'est fait. Plus que quelques heures, plus que quelques heures ! On me dit d'appeler vers 13h30. Je dis « OK » mais je tenterai avant midi, on ne sait jamais. Ton papa me rejoindra à cette heure-ci. Moi j'ai pris deux jours de congé. Dans les deux cas de figure, je ne suis apte à rien.

9h…

10h…

11h…

Ton papa arrive enfin. Pour la première fois, on vit toute une étape ensemble. Il est investi plus que jamais. Je me lance dans la préparation du dîner (ça va faire passer encore quelques minutes) : un peu d'huile, quelques oignons hachés, je lance une sauce tomate. Il faut que j'appelle.

Maintenant. Je laisse tout en plan, ton papa est là. Je m'enferme dans ma chambre, je veux être seule l'espace d'un instant.

Dring, dring, driiiiiiiing !

J'ai le souffle court.

– Bonjour, j'appelle pour les résultats… peut-être qu'ils sont déjà tombés ?

– Ah oui, je crois que j'ai vu passer quelque chose…

Hein, quoi ? Et on ne m'a pas encore appelée !!! Mais vous savez ce qu'il y a derrière cet appel ?!?! Bon, je prends sur moi.

– Ah oui… Et ?…

– C'est bon, vous avez un très bon taux. On vous a transféré deux embryons, c'est ça ?

Je ne l'écoute plus.

Vous êtes là ! Plus que jamais là ! Bravo mes bébés, je suis si fière, si fière de vous !!!

Je crois entendre que je dois refaire une prise de sang une semaine plus tard. Je tombe littéralement par terre, je n'arrive plus à respirer, je pleure tellement que je sens mon cœur exploser dans ma poitrine ! Votre papa me rejoint, par terre. On pleure tous les deux, il n'a pas compris tout de suite pourquoi. Maintenant il sait, il va devenir papa. Je lui offre un livre acheté il y a près de cinq ans, que je voulais lui offrir un jour, quand je lui annoncerais la bonne nouvelle. Je peux enfin le faire. *Futur papa !*, ou le récit d'un papa en devenir, blogueur à ses heures, qui raconte son expérience de futur papa en quelques croustillantes anecdotes. Ça va être à lui maintenant.

En ce moment, il n'y a que moi, votre papa et vous. Personne d'autre n'est au courant. Nous sommes seuls au monde.

Une odeur de fumée nous ramène à la réalité.

CHAPITRE 42

9700 UNITÉS

Autre prise de sang. Autre moment d'angoisse. La joie certaine de vous avoir dans mon ventre, mais combien êtes-vous ? L'angoisse face à un nouveau contrôle. Face à deux résultats possibles.

C'est bon, 9700 unités à 3 semaines de grossesse ! On me dit que c'est super, je prends ! Bravo, mes petits chéris, bravo ! On continue de s'accrocher, hein ?

Première échographie dans une semaine. Waow… Moi je vais faire une échographie ? J'ai cru que je ne connaîtrais jamais ces moments magiques. Magiques.

Tout paraît si simple d'un coup… Il aura fallu quelques piqûres, une anesthésie au passage, et vlan ! Deux magnifiques petites cacahouètes sont désormais dans mon ventre. Il fallait faire ça alors ? Il fallait faire ça. Tout « ça ».

CHAPITRE 43

ALLÔ ?

Il faut annoncer au monde votre arrivée ! Ma sœur et ma chère Valentine, vous avez tout suivi depuis le début de cette aventure, vous êtes les premières informées. Un soutien indéfectible, de précieux mots, des centaines de SMS et maintenant un bonheur partagé. Il y avait une place à prendre. Elle est à vous.

Maintenant les parents. On commence par vos grands-parents côté Papa. Votre papy a un cancer et la chimiothérapie le terrasse mais vous allez lui redonner le sourire… C'est chose faite ! Tant d'amour émane de vous, tant…

Côté grands-parents maternels maintenant… votre grand-papa est au milieu de ses oliviers en ce moment, en Italie… on l'appellera ce soir. Avec ton papa, on passe chez ta mamie. Comme d'habitude elle est affairée à ses occupations, impossible de la faire asseoir. Après un certain forcing, on y arrive.
– T'es bien assise ?… Et si je dis que je suis enceinte…?

Je peine encore à le dire…

Voilà que d'un coup d'un seul, elle bondit les quatre fers en l'air et m'enlace comme jamais, jamais elle ne l'avait fait auparavant. Je reste tétanisée, je ne bouge plus, dans ses bras, sous le choc. C'est à vous que je dois ce grand moment de purs sentiments, de rapprochement, d'amour maternel. Merci. Elle enlace votre papa, les yeux brillants. Puis commencent les reproches. Non, je n'en ai pas parlé. Elle n'avait qu'à pas me dire que je n'étais pas bonne à faire des enfants. Oui, elle a souffert de mon silence. C'est moi qui ai souffert du sien. Oui, mon père était inquiet pour moi. Oui, elle l'a empêché de me téléphoner. Oui, elle voulait savoir, non, elle ne voulait pas s'immiscer. Oui, je l'ai dépossédée de son rôle de mère, oui, elle l'a bien cherché. Oui, j'ai avancé sans elle, sans son côté toxique, oui, j'ai avancé, oui, j'ai réussi, toute seule ou en tout cas sans elle. Votre papa fait retomber un peu la pression et on s'en va, enfin. Heureux pour sa part, bouleversée par tant d'effusion pour ma part. Fâchée par sa dernière phrase assassine : « Y en a deux hein, y en a deux ? Non parce que deux, c'est plus joli, je serais plus heureuse s'il y en avait deux ! » Voilà, sans rien faire je risque encore de la décevoir… Alors que si tu es tout seul, ta maman et ton papa seront très heureux. Alors n'écoute pas et accroche-toi ! Ou accrochez-vous !

Il faut téléphoner à votre grand-père. « Salut Papa, c'est Gaby. » Je ne sais pas trop quoi lui dire moi, on n'a jamais vraiment parlé ensemble.

On passe le moment des oliviers, il est tout content au milieu de ses terres, détendu… Je prends confiance et je balance.

Grand silence. Il est sous le choc. Après quelques secondes interminables, j'entends un sanglot (oui, un sanglot !) et après :

– C'est pas vrai ?? Je suis si heureux pour vous ! Si heureux ! Bravo ! Toi tu vas bien ?

Ah, il s'inquiète pour moi… Je suis complètement bouleversée, les larmes montent mais je ne vais pas les montrer, non… Ne chamboulons pas tout d'un coup !

C'est à vous que je dois ces moments uniques, à jamais gravés dans ma mémoire. Merci mes petits cœurs, merci.

CHAPITRE 44

TOI C'EST VOUS

Ça y est : l'échographie est programmée. On va enfin se rencontrer mes petits cœurs, vous et moi, et votre papa. Il va être là, à côté de nous.

Est-ce qu'on va entendre un cœur ? Il paraît qu'à 3 semaines, le cœur est déjà formé. Enfin, je lis tellement d'informations en ce moment que je pourrais passer un examen de spécialiste en gynécologie-obstétrique !

L'échographie est endovaginale. Ce n'est pas encore l'échographie « comme tout le monde », mais bon, ce n'est pas grave. Là aussi, c'est une chance inouïe de vous voir à ce stade du développement. Moi je n'ai pas de doute, vous êtes deux. Vous étiez si chou avec vos petites cellules, c'est obligé.

On y va… Et bingo ! Vous êtes là ! Tous les deux ! Bravo mes petits chéris ! Bravo !

Je suis soulagée. Votre grand-mère va être contente. Elle va me lâcher surtout.

Vous êtes là où vous devez être, 2 millimètres chacun, tout va bien. Vous frétillez ! Quel moment ! Mais quel moment ! Votre papa est un peu sous le choc. Je lui avais bien dit pourtant ! Il est si heureux…
Au fait, je démarre en réalité la 5ᵉ semaine, mais on compte 7 semaines d'aménorrhée, donc je suis à 6+0 du développement gestationnel. Je n'ai rien compris. Je vais retenir le n°5 ☺. Date d'accouchement : 18 juillet. Vous allez par contre sûrement venir au monde avant, vu que vous êtes deux… Tout devient si réel !

Autre échographie dans une semaine. Et surtout dernier contrôle au CPMA ! Youhouhouhou !
Tout va si vite, tout d'un coup. Tous ces moments qui me semblaient si inaccessibles, je suis en train de les vivre. Je repars avec des échographies en main, des échographies ! Mon tour est donc enfin arrivé. Sauf que seuls les membres du club PMA ont la chance d'obtenir une échographie à un stade aussi précoce. Et quelle chance ! Vous êtes si petits, si petits, 2 millimètres seulement, mais déjà tant d'amour se dégage de vous ! Vous êtes deux !

Rebelotte, il faut l'annoncer maintenant ! Allez, les grands-parents… Du côté de votre papa, il paraît que vous avez prolongé la vie de votre papy ☺. Côté maman, mamie est aux anges et papy heureux comme tout.

CHAPITRE 45

UNE STAR

C'est bien connu, les femmes enceintes appellent toutes les attentions. Je l'avais bien constaté devant la quinzaine de grossesses à laquelle j'ai été confrontée ces dernières années. Voilà que maintenant c'est mon tour. Mon tour d'annoncer la grossesse, mon tour de vivre les échographies, mon tour d'éveiller les passions.

Chez l'endocrinologue ?

– Déplacez tout le monde, priorité à Madame pour lui trouver un rendez-vous.

Chez le physiothérapeute ?

– Vous en avez deux ? Alors je vous prends tout de suite !

Chez l'esthéticienne ?

– Je vous offre la séance !

J'avoue, j'adore ces instants ! Et en plus il y a quelque chose de magique dans la gémellité, les gens n'en reviennent pas.

Au travail, les plus proches sont au courant. Ils sont si contents pour nous, et en même temps s'amusent de devoir garder le silence face au reste de l'équipe. Eux-mêmes qui sont concernés de près ou de loin par la souffrance… Ces rencontres sont incroyables. C'est grâce à vous mes bébés.

Je redoute d'annoncer la chose au reste des amis et connaissances. Attendons trois mois, oui, attendons… Mais comment ? Le bidou s'arrondit si vite. Que c'est beau, que c'est beau !

CHAPITRE 46

36,9°

Mon esthéticienne :

– Ah vous êtes enceinte ? C'est supeeeeer ! C'est venu vite j'imagine ? C'est si facile ! Vous avez mesuré la température aussi ? Et après il suffit si on veut une fille de faire l'amour la première semaine après les règles, et si on veut un garçon la deuxième semaine. Si facile ! Vous avez fait comme ça aussi ?

…

– À peu près oui, à peu près…

CHAPITRE 47

BIDOU

C'est parti avec les nausées, dès la 3ᵉ semaine ! Que c'est bon ! Plus je suis mal, plus j'adore ! Allez-y mes bébés, manifestez-vous ! C'est que tout va bien, alors allez, faites-moi vomir.

Dormir sur le ventre est désormais impossible, à 5 semaines, le bidou est déjà bien visible et j'ai si peur de vous blesser. Je ne vais plus dormir sur le ventre.

Les seins ? Deux obus siliconés ! Douloureux, sensibles… Mais surtout énormes !

Le chocolat ? Fini ! Moi qui m'en envoyais en perfusion, plus question de m'en faire manger, ça ne passe plus ! Maintenant que vous êtes là, plus besoin d'être réconfortée. Par contre, il faut que ce soit épicé. Caramba ! On y va avec les surdoses de piment à tous les plats ou presque. C'est caliente dans le bidou.

En même temps, j'ai si peur qu'il vous arrive quelque chose de mal, qu'il arrive l'irrémédiable… Je suis en panique totale. Le récit de ma chère

Anne résonne en moi. Certes nos histoires sont différentes mais elle démontre que le pire arrive aussi.

Il faut que je me calme. Un bon massage me fera le plus grand bien. Quelle découverte extraordinaire ! Le massage pour femme enceinte est quelque chose de bien particulier, quel bonheur ! Quel bonheur de pouvoir demander un « massage pour femme enceinte » !
– C'est pas vrai, des jumeaux ?!? Alors je vais bien m'occuper de vous !
Ça vous va si bien, vous êtes si belle !
Quel bonheur, ces mains sur mon dos, d'un côté, puis de l'autre…
On était bien mes bébés, hein ? On recommencera dans un mois.

Ça va bien se passer. Tout va bien se passer.

CHAPITRE 48

COLLECTION MAMAN

Un rêve éveillé. Je n'arrive toujours pas à y croire. Et pourtant la réalité est bien là. J'ai tellement de chance, une si grande chance… C'est mon tour maintenant. Je suis enceinte. Je suis en-cein-te. Difficile encore de le dire mais si facile à ressentir en même temps. Je suis plus que jamais enceinte, de deux magnifiques bébés. Mes petits cœurs… Maman vous aime tellement. « Maman » : existe-t-il un mot plus beau que celui-ci ?

Cinq cents grammes de plus sur la balance. C'est parti ! Vu la place que vous prenez déjà, autant dire que tenter de fermer mes pantalons relève de la mission impossible. Ce qui veut dire premier shopping de femme enceinte ! Combien de fois j'ai lorgné sur les rayons destinés aux « femmes à bébés », juste à côté du rayon sport, message subliminal pour passer dans ce rayon une fois la grossesse terminée. Le rayon sport, je connais. J'y ai pris mes aises ces derniers temps. Mais avec quels yeux je regardais toutes ces femmes au bidou variant du S au L, si belles, si chanceuses… À moi maintenant ! Eh oui, c'est moi qu'on regarde déambuler entre les pantalons à la taille élastique et les pulls conçus pour mettre en avant le bidou… C'est moi la future maman. Waow ! Je plane ! Quelle extase ! C'est bien la première fois que je choisis deux pantalons le sourire béat… Je prends le petit pantalon noir passe-partout, c'est un basique. Le petit jeans décoloré slim… mmmm… Je tente, taille 36. Au fond c'est le bidou qui coince ! Yes ! Taille 36 c'est bon ! Tout ce dont j'ai toujours rêvé se réalise enfin. Eh oui, cette séance de shopping j'en ai rêvé et rêvé ! De rentrer dans un 36 avec un bidou proéminent ? Au moins trois nuits blanches par mois ? L'éclate !!! Je prends aussi le petit t-shirt trop mimi avant de partir et puis zut ! Votre papa n'osera pas me gronder. C'est aussi un des privilèges de la femme enceinte… starifiée !! Hihihi.

Je repars du magasin avec mon nouveau pantalon et cette taille élastique qui monte, qui monte jusque sous la poitrine… J'y ai enfin droit moi aussi. Trop trop stylé ! J'ai laissé le slim faux cuir par contre. Là il ne faut pas pousser.

C'est donc ça qu'elles ont vécu toutes ces amies, toutes ces connaissances, ces collègues devenues mères effrontément sous mes yeux. C'est donc tout ça… Sauf que – eh oui ! – vous êtes deux mes chéris, deux. Cette expérience-là m'appartient exclusivement.

Vous m'avez rendue à la vie mes bébés chéris.

CHAPITRE 49

RESTITUTION

Menopur, Duphaston, Clomid, Femara, Femadiol, Puregon, Estradot…
Et les seringues, toutes ces seringues utilisées… Je rends tout.

– Je n'aurai vraiment plus jamais besoin de toutes ces boîtes, hein ?

Un petit doute l'espace d'une seconde. Oui, ça, c'est fini. Je rends tout.
Cet acte symbolique est une étape importante pour moi. C'est la fin de
5 ans de bataille, de 60 mois d'horreur. Fini tout ça.

On nous appelle enfin pour passer la dernière échographie au CPMA. Eh
oui, déjà 6 semaines. Votre papa a besoin d'être rassuré. Oui, vous êtes
bien là tous les deux, tous les deux. C'est ce que nous confirme l'image à
l'écran. Waow… Wouwouwouwouwouwouwou ! Ce sont vos
battements ! Quelle émotion indicible…
Wouwouwouwouwouwouwouwouwouwou ! Le plus beau son qu'il m'ait
jamais été donné d'entendre. Votre papa est si heureux, je le vois dans ses
yeux. Je le vois maintenant.

Alors toi « Jumeau 1 », dit « J1 », tu mesures 6 millimètres et tu es là au milieu de ta petite bulle. Ta tête se dessine délicatement, on la voit bien dans cette forme de cacahouète qui est la tienne. Et toi « J2 », 6 millimètres aussi. Tu me fais déjà trop rire. Te voilà niché dans le coin de ta bulle. Tu te caches de nous ? On veut juste voir que tu es bien là. Promis, on ne va pas te déranger longtemps…

– Ces photos c'est pour le papa. Maman en aura d'autres.

C'est trop chou ! Votre papa peut repartir avec ce magnifique souvenir. Il est lui aussi plus que jamais investi dans son rôle.

– T'as vu, c'est la première fois qu'on me dit que je suis un papa !

Je vais le laisser savourer son bonheur. C'est aussi le sien.

– Ils ont démarré à deux dans leur boîte de Petri, ils vont continuer à deux.

Cette sortie fait sourire la docteure S., qui nous adresse tous ses vœux mais également plein de courage avec non pas un, mais deux bébés. On n'y serait jamais arrivés sans elle, je lui en serai éternellement reconnaissante. Éternellement.

– Oui, promis, je repasserai vous les montrer, promis.

Avant de sortir définitivement du centre, deux assistantes médicales s'approchent de nous. Elles me demandent si tout va bien. Pour la première fois, je peux m'exprimer le cœur ouvert. Oui, tout va très bien.

Ils sont deux ! Et quelle chance ! Du premier coup… J'ai une pensée pour ces femmes que j'ai croisées ce matin encore. Tellement de femmes…

Je transmets toutes ces belles énergies aux femmes qui restent, c'est une sacrée épreuve.

Leurs yeux étincelants me mettent du baume au cœur. Elles me remercient et me souhaitent tout le meilleur. Oh oui, tout le meilleur.

La fin d'une épreuve. Le début de l'aventure, et le suivi chez ma gynécologue dorénavant. Comme les autres. Comme n'importe quelle autre femme enceinte.

CHAPITRE 50

CACAHOUÈTES

Mes nuits sont agitées depuis que je sombre dans un profond sommeil dès 19h tous les soirs. Alors, vers 4 ou 5h du matin, les yeux bien ouverts, je m'accorde un moment magique où il n'existe que vous et moi, rien que vous et moi. Vous sentez mes caresses sur le ventre ? Vous entendez mes petits mots d'amour ?

Une fulgurance. J'ai le texte de votre faire-part de naissance. Il est tôt, oui je sais. Tôt dans la journée et tôt dans la grossesse mais tant pis. J'adore ces moments, je les adore !

Ça donnera donc :

Papa et Maman n'ont pas fait les choses à moitié… mais plutôt en double !

Après une bien longue attente, c'est incrédules mais envahis de bonheur qu'ils nous ont accueillis le xxx

Moi, poids, taille

Et moi, poids, taille

Une bonne chose de faite ! Votre papa adore.

Je pars du principe que vous êtes un garçon et une fille, un cadeau incroyable pour nous. Une manière pour que votre mamie soit aussi comblée (pour un moment). Quoique si vous êtes deux garçons ou deux filles, vous serez amenés à partager plus ensemble, certainement. Donc c'est parfait, quoi qu'il arrive. Vous êtes parfait·e·s ! Alors au fond, soyez qui vous êtes.

Je vous aime mes petites cacahouètes asexuées.

THE HAPPY HAPPY (AND HAPPY) END

25 juin 2013 : le jour de ma re-naissance. Le jour où je suis devenue MAMAN, le jour où j'ai compris que ma passion pour toi, sublime Sofia, et toi, magnifique Marissa, n'avait pas de bornes.

Aujourd'hui, je n'ai plus de tristesse, plus de rage, plus de désespoir. Aujourd'hui, je suis tout simplement heureuse. Et que c'est bon !

Mes chéries d'amour, merci de m'avoir choisie comme maman.
Merci pour votre arrivée en fanfare.
Merci la vie.
Double merci la vie.

Ah, avant de se quitter…

28 novembre 2014 : ne voilà pas qu'une incroyable Amalia est arrivée, toute seule comme une grande, 17 mois seulement après la venue au monde des jumelles ?!? Mais le récit du déni de grossesse et d'une naissance inespérée, comme ultime cadeau réparateur de la vie, devrait faire l'objet d'un ouvrage dédié. Qu'en dites-vous, mes chères et chers infertiles ?

Rien n'est écrit à l'avance. Il faut y croire. Accepter la souffrance. Mais toujours y croire et, parfois, les rêves deviennent réalité. En attendant, à vous de faire de TOUS vos rêves une réalité, que le plus cher se réalise… ou non.

Une maman

www.ingramcontent.com/pod-product-compliance
Lightning Source LLC
Chambersburg PA
CBHW052040150726
48002CB00002B/683